W.G. Sebald und der Film

Europäische Hochschulschriften
Publications Universitaires Européennes
European University Studies

**Reihe I
Deutsche Sprache und Literatur**

Série I   Series I
Langue et littérature allemandes
German Language and Literature

Bd./Vol. 2010

PETER LANG
Frankfurt am Main · Berlin · Bern · Bruxelles · New York · Oxford · Wien

Christoph A. Klimke

W.G. Sebald und der Film

PETER LANG
Internationaler Verlag der Wissenschaften

Bibliografische Information der Deutschen Nationalbibliothek
Die Deutsche Nationalbibliothek verzeichnet diese Publikation in
der Deutschen Nationalbibliografie; detaillierte bibliografische Daten
sind im Internet über http://dnb.d-nb.de abrufbar.

Die Drucklegung dieser Arbeit wurde empfohlen
von Prof. Dr. Stefan Keppler-Tasaki,
Freie Universität Berlin.

ISSN 0721-3301
ISBN 978-3-631-61022-0
© Peter Lang GmbH
Internationaler Verlag der Wissenschaften
Frankfurt am Main 2011
Alle Rechte vorbehalten.

Das Werk einschließlich aller seiner Teile ist urheberrechtlich
geschützt. Jede Verwertung außerhalb der engen Grenzen des
Urheberrechtsgesetzes ist ohne Zustimmung des Verlages
unzulässig und strafbar. Das gilt insbesondere für
Vervielfältigungen, Übersetzungen, Mikroverfilmungen und die
Einspeicherung und Verarbeitung in elektronischen Systemen.

www.peterlang.de

Inhaltsverzeichnis

1.	Einleitung	7
2.	Intermedialität und Intertextualität	9
2.1.	Zur Theorie	
2.2.	Zum Verfahren der Intertextualität/ Intermedialität bei W.G. Sebald	12
3.	Systemreferenzielle Film-Bezüge: Medienreflexiver Diskurs bei W. G. Sebald	15
3.1.	Von Geisterbeschwörung und Phantomen	
3.2.	Phantomspuren: Zur Trägheit des Auges	20
3.3.	Projektion: „… und siehst du die Karawane, die dort durch die Dünen kommt?"	23
3.3.1.	Laterna Magica	
3.3.2.	Zum Dispositiv des Kinos und des Traums	26
3.3.3.	Das Motiv der Karawane	28
3.4.	Systemreferenz bei W.G. Sebald: Eine Zusammenfassung	31
4.	Einzeltextreferenzen: Markierte und unmarkierte Filmzitate in *Die Ausgewanderten* und *Austerlitz*	33
4.1.	Kinoerlebnis: Präexistenz und Filmhypnose	
4.1.1.	Die Traumbilder des Kaspar Hauser	
4.1.1.1.	Assoziation und Erinnerung	
4.1.1.2.	Bricolage oder die Familienähnlichkeiten in der Form	35
4.1.1.3.	`Präexistenz´ oder die Familienähnlichkeiten auf Inhaltsebene	38

4.1.1.4.	Die Karawane als Zitat?	41
4.1.2.	Im Spiegelkabinett des Dr. Mabuse	42
4.1.2.1.	Kino und Wahnsinn	
4.1.2.2.	Kino und Hypnose	46
4.1.2.3.	Die Karawane als Motiv der Durchlässigkeit	49
4.2.	Von Spiegeln und Doppelgängern	51
4.2.1.	Mediale Doppelgänger	
4.2.2.	Siegfried in Zion	53
4.3.	Spurensuche in der Architektur des Traumas: Die Filme von Alain Resnais	57
4.3.1.	Zwei Autoren: W.G. Sebald und Alain Resnais	
4.3.2.	Festung des Wissens	59
4.3.3.	Unerlöste Erinnerung	64
4.3.4.	Architektur der Vernichtung	69
4.3.5.	Exkurs: Die Wiederbeschreibbarkeit des Gedächtnisses in den Filmen von Chris Marker	73
4.4.	Das medienreflexive Zitat oder `In der Zone von Theresienbad´	77
4.4.1.	Film in der Biografie, die Biografie als Film	
4.4.2.	Die Beschwörung der vergangenen Realität	81
4.4.3.	Die Öffnung der `Zone´ in die Unterwelt	84
4.4.4.	`Letztes Jahr in Theresienbad´	88
5.	Zusammenfassung und Fazit	93
6.	Literaturverzeichnis	97

1. Einleitung

Die Einarbeitung von Fremdmaterialien in seine Texte ist ein auffälliges Moment in der Arbeit W.G. Sebalds. Dabei ist die Integration von Schwarz-Weiß-Fotografien in das Textbild die offensichtlichste Charakteristik, die im Zuge einer intermedialen Untersuchung ins Auge fällt. Inwieweit W.G. Sebald in seinem intertextuellen und intermedialen Verfahren allerdings auch auf das Medium Film zurückgegriffen hat, ist weniger hervorstechend und bekannt. Dennoch hat er sich in einigen seiner Essays zu Film und Kino geäußert und seine großen fiktionalen Texte, darunter *Die Ausgewanderten* und besonders *Austerlitz*, sind geradezu gespickt mit Anspielungen auf den Film oder bestimmte Filme.

In der vorliegenden Arbeit sollen intermediale Bezüge zweierlei Beschaffenheit aus den Texten herausgearbeitet werden: Zum einen die Anspielungen auf den Film als Medium, die sich regelrecht zu einem sebaldschen Film-Mediendiskurs verdichten (Systemreferenzen, Kapitel 3). Zum anderen die Reihe an markierten und unmarkierten Filmzitaten, die als Referenznetz in die Texte verwoben ist (Einzeltextreferenzen, Kapitel 4). Dabei kann das Filmzitat niemals losgelöst vom systemreferenziellen Mediendiskurs gesehen werden, sondern ist durch jenen beeinflusst oder wirkt auf ihn zurück.

Ziel ist es, mit der Analyse der Referenzfilme die Texte W.G. Sebalds gegenzulesen und damit für eine erweiterte Lektüre und ein eventuelles erweitertes Verständnis zu sorgen – nicht zuletzt hinsichtlich der fundamentalen Frage, wie Intermedialität in Bezug auf Film bei W.G. Sebald funktioniert.

2. Intermedialität und Intertextualität

2.1. Zur Theorie

Behandelt man das Phänomen der Intermedialität, geht es im Allgemeinen immer um den Prozess der Grenzüberschreitung zwischen den einzelnen Medien.[1] Speziell bezogen auf die Literaturwissenschaft ist es die Kontamination bzw. Einflussnahme, den ein literarischer Text durch ein Fremdmedium erfährt. Diese Beeinflussung kann unbewusst oder bewusst durch den Autor vorgenommen worden sein und muss nicht unbedingt die physische Materialität des Fremdmediums in den Text mit einbeziehen. In gewisser Hinsicht ist Intermedialität eng verwandt mit dem Phänomen der Intertextualität, das die Beziehung zwischen individuellen (literarischen) Texten – zwischen Text und Referenztext – zu klären versucht.[2] Vielmehr kann Intermedialität als Äquivalent der Intertextualität in Bezug auf alles, was Mediengrenzen überquert, beschrieben werden.[3] Diese Aussage muss allerdings eingeschränkt stehen bleiben, da eine Definition von Intertextualität immer davon abhängt, welche Art von Textbegriff zugrunde gelegt wird: Handelt es sich um einen weit gefassten, poststrukturalistischen Textbegriff, wie ihn z.B. Julia Kristeva vertritt, dann ist jede kulturelle Struktur Text – der Unterschied zwischen Medium und Text wird obsolet und es gibt keinen Text mehr, der nicht intertextuell ist.[4] Intertextualität wäre demnach ein der Intermedialität übergeordneter Begriff. Vielen Intertextualitätsbegriffen der literaturwissenschaftlichen Forschung liegt dagegen ein strukturalistischer, eingeschränkter Textbegriff zugrunde:

---

1 Vgl. Irina O. Rajewsky: Intermedialität. Tübingen 2002. S.12.
2 Vgl. Jörg Helbig: Intertextualität und Markierung. Heidelberg 1996. S.58f.
3 Vgl. Rajewsky 2002. S.44.
4 Vgl. ebd. S.49.

Text ist dabei nur als literarisches Medium zu begreifen und Intertextualität die Beziehung zwischen zwei Texten.[5]
Im Folgenden soll weder die eine Position noch die andere vollkommen verweigert werden: Literatur und Film sind sowohl distinkte Medien als auch voneinander zu unterscheidende Texte. Nur so kann die Begrifflichkeit der Intertextualität (Primär-)Text versus Referenztext, wie Jörg Helbig sie vorschlägt, auch für den intermedialen Zusammenhang eingesetzt werden.[6] Denn im Falle von Intermedialität besteht sowohl ein intertextuelles Verhältnis, bei dem sich eindeutig der Methoden der intertextuellen Analyse bedient werden muss, als auch ein intermediales Verhältnis, das die Mediendifferenzen mit einbezieht. Intermedialität geht also noch über die Intertextualität hinaus.[7]
Irina Rajewsky nimmt in ihrer Monographie zur Intermedialität eine klare Unterteilung vor, wenn sie Medienwechsel, Medienkombination und intermediale Bezüge innerhalb der Begrifflichkeit Intermedialität unterscheidet.[8] Für die Texte W.G. Sebalds, die in der vorliegenden Arbeit auf ein Phänomen der Intermedialität hin untersucht werden sollen, ist der Vorgang des Medienwechsels am wenigsten interessant: er umfasst lediglich den Transfer eines Medienprodukts in die Form eines anderen Mediums, wie z.B. Literaturverfilmungen oder so genannte *novelizations*. Nichts davon liegt im Falle der zu behandelnden Texte vor.
Am augenfälligsten hingegen findet sich das Phänomen der Medienkombination bei Sebald wieder: dabei geht es um „die Kombination bzw. das Resultat der Kombination mindestens zweier, konventionell als distinkt wahrgenommener Medien, die in ihrer Materialität präsent sind

---

5   Vgl. Helbig 1996. S.58.
6   Vgl. ebd. S. 78.
7   Rajewsky 2002. S.12 schlägt den Begriff Intramedialtät als Oberbegriff für das Phänomen Intertextualität vor.
8   Vgl. ebd. S. 15ff.

[...]."⁹ Die Beziehung Text-Fotografie in den Texten von W.G. Sebald muss als Phänomen der Medienkombination betrachtet werden. Da im Folgenden jedoch die Arbeiten Sebalds hinsichtlich des Mediums Film analysiert werden sollen, kann nur das Phänomen der intermedialen Bezüge aufgegriffen werde. Denn Film wird bei Sebald weder adaptiert noch in seiner physischen Materialität mit in das Gesamtkunstwerk eingeflochten, sondern als Referenzmittel herangezogen, entweder in Bezug auf ein bestimmtes filmisches Produkt oder auf den Film an sich, also als semiotisches System. Dabei wird Film oder ein protofilmisches System mit den Mitteln der Literatur lediglich imitiert, wie z.B. durch Ekphrasis.[10] Rajewsky zieht dafür die Begriffe intermediale Einzeltext- bzw. Systemreferenz heran: im Falle des ersteren wird ein bestimmter Film namentlich zitiert wie z.B. *Die Nibelungen* von Fritz Lang. Die ausschließliche Systemreferenz findet in dem Moment statt, wo der Primärtext entweder konkrete Aussagen über den Film als Medium tätigt (wie in Sebalds Essay *Kafka im Kino*) oder andere Anspielungen auf Film als semiotisches System vorkommen.[11] Diese Unterteilung hat sich prägend auf die Struktur der vorliegenden Arbeit ausgewirkt: Unter 3. werden die systemreferenziellen filmischen Bezüge und unter 4. die Einzelreferenzen aus Sebalds Texten herausgearbeitet. Dabei muss 4. selbstverständlich immer wieder Bezug nehmen auf 3., da die Einzeltextreferenz, wie Rajewsky folgerichtig feststellt, immer auch eine Systemreferenz impliziert.[12] Wenn also *Die Nibelungen* zitiert werden, ist nicht nur dieser explizite Film von Bedeutung, sondern der gesamte Film als semiotisches System wird als Referenzmittel herangezogen.

Die intermediale Bezugnahme beider Varianten in W.G. Sebalds Texten

---

9 Ebd. S.15.
10 Vgl. ebd. S.39.
11 Vgl. ebd. S.72f.
12 Vgl. ebd. S.73.

„führt dazu, dass das kontaktgebende Medienprodukt oder mediale System [Film] in seiner Differenz und/ oder Äquivalenz mitrezipiert wird."[13] Auf diese Mitrezeption, die die Texte Sebalds ohne Frage erweitert, soll durch das Hinzuziehen und die Analyse der Referenztexte in der vorliegenden Arbeit näher eingegangen werden.

2.2. Zum Verfahren der Intertextualität/ Intermedialität bei W.G. Sebald

Das intertextuelle und intermediale Verfahren, das W.G. Sebald anwendet, wird im Allgemeinen mit dem Begriff Bricolage beschrieben, der auf Claude Lévi-Strauss zurückgeht.[14] Dabei handelt es sich, kurz gesagt, um eine Form des Sammelns und Zusammensetzens, häufig auch mit `Basteln´ umschrieben.[15] Bereits vorhandene Materialien unterschiedlicher Herkunft werden zusammengesucht und zu einem Kunstwerk verwoben – wobei es nicht auf eine scheinbare Homogenität des einheitlichen, klassischen Kunstwerks ankommt: Die `Nahtstellen´ der distinkten Teile sollen zu sehen sein und die immer noch vorhandene Vergangenheit der Fremdmaterialien wirkt auf das Endprodukt zurück.[16]
Wenn W.G. Sebald markierte oder unmarkierte Zitate (Literatur oder Fremdmedien wie z.B. Fotografie oder Film) in seine Text integriert, dann bedient er sich zumeist dieser Methode des Sammelns und Bastelns: Zitierte Filme werden `gefunden´ und eingebaut in das Stückwerk. Dabei können die Nahtstellen deutlich sein oder vollkommen verschwimmen – in

---

13 Ebd. S.17.
14 Vgl. Claude Lévi-Strauss: Das wilde Denken. Frankfurt a. M. 1968. S. 29-37.
15 Vgl. Susanne Schedel: „Wer weiß, wie es vor Zeiten wirklich gewesen ist?" Textbeziehungen als Mittel der Geschichtsdarstellung bei W.G. Sebald. Würzburg 2004. S.82.
16 Vgl. ebd.

jedem Fall spielt die Vergangenheit des Fundstücks in die Referenz mit ein. Denn das eingefügte Stück war vielleicht bereits Teil eines anderen Ganzen (z.B. Sequenz als Teil eines Films, Film als Teil eines Oeuvre). Hier ist der Leser aufgefordert, sein eigenes Wissen und seine eigenen Erinnerungen mit einzubeziehen.[17] Im Folgenden soll dieser fordernden Lektüre nachgegangen werden.

---

17 Vgl. ebd. S.43.

3. Systemreferenzielle Film-Bezüge: Medienreflexiver Diskurs bei W.G. Sebald

3.1. Von Geisterbeschwörung und Phantomen

Sucht man in W.G. Sebalds Schriften nach expliziten Äußerungen über den Film an sich, also systemreferenziellen Bezügen, wird man in seinem Aufsatz *Kafka im Kino*[18] rasch fündig. In das Spiel unterschiedlicher Medien im Allgemeinen und die Reflexion über Film im Besonderen mischt Sebald hier eine Art Spiritismus oder Geisterglaube:

> *Gespenstisch überhaupt sind die frühen Kinofilme, nicht nur weil sie mit Vorliebe von Persönlichkeitsspaltung, Doppel- und Wiedergängern, außersinnlicher Wahrnehmung und anderen parapsychologischen Phänomenen handeln, sondern auch aufgrund der technischen Gegebenheit, dass die Schauspieler durch den völlig unbeweglichen Bildrahmen aus- und eingehen wie Geister durch eine Mauer.*[19]

Auch in *Austerlitz*[20] wird das Kino immer wieder mit dem Paranormalen, Spiritistischen in Verbindung gesetzt oder verglichen. Bezüglich der im See versunkenen Gemeinde Llandwyn fantasiert Austerlitz, die Bewohner gingen immer noch am Grunde des Sees in der Gasse umher „aber ohne sprechen zu können und mit viel zu weit offenen Augen."[21] Diese „subaquatische Existenz"[22] erinnert zunächst nur entfernt an die stummen Schwarzweißbilder eines alten Films. Die durch das Was-

---

18   Vgl. W.G. Sebald: Kafka im Kino. In: ders. Campo Santo. München 2003. S.193-209.
19   Ebd. S.201f.
20   Vgl. W.G. Sebald: Austerlitz. Frankfurt a. M. 2003.
21   Austerlitz S.80.
22   Ebd.

ser aus der Dreidimensionalität der Realität in die Zweidimensionalität des Bildes versunkenen Häuser des Dorfes, flackernd und farblos am Grund eines Sees, verstärken den Eindruck in der Imagination des Lesers noch. Als Austerlitz glaubt, einige der Bewohner, die er von alten Fotos her kennt, in freier Natur gesehen zu haben, leitet der Text über zu einem Schuster namens Evan, der „in dem Ruf stand, ein Geisterseher zu sein"[23]. Das Geistermotiv setzt sich fort, indem Evan dem Protagonisten erzählt, wie diese „Verstorbenen, die das Los zur Unzeit getroffen hatte, [...] sich um ihr Teil betrogen wussten und danach trachteten, wieder ins Leben zurückzukehren."[24] Diese Wiedergänger, die umhergehen nicht nur wie Untote, sondern eigentlich wie Überlebende und Traumatisierte einer Katastrophe – eben wie Austerlitz – werden folgendermaßen beschrieben: „Auf den ersten Blick sähen sie aus wie normale Leute, aber wenn man sie genauer anschaute, verwischten sich ihre Gesichter oder flackerten ein wenig an den Rändern."[25]

Noch ist die Verbindung zu flimmernden Schwarz-Weiß-Bildern eines alten Films nur leicht assoziativ, wenige Seiten später jedoch wird sie explizit, wenn Austerlitz zum ersten Mal ins Kino geht und die „tönenden Wochenschauen"[26] sieht: Der Filmvorführer Owen ist natürlich einer der Söhne des Geistersehers Evan. Hier wird das Kino als Mittel der Geisterbeschwörung der neuen Generation eingeführt.

Mit dem Vergleich Kino bzw. Film und Geisterwelt bzw. Geisterbeschwörung greift W.G. Sebald einen in literarischen und theoretischen Texten schon früh angeführten Topos auf. Monika Schmitz-Emans weist diesen Topos u.a. bei *Der Zauberberg* von Thomas Mann nach und zitiert den frühen Filmtheoretiker Herbert Tannenbaum, der schon vor dem

---

23   Ebd. 82.
24   Ebd. 82f.
25   Ebd. S.83.
26   Ebd. S.88f.

Ersten Weltkrieg die Geisterhaftigkeit bzw. den Phantom-Charakter der bewegten Bilder beschreibt.[27]
Obgleich der Text *Austerlitz* ohne Frage auf diese althergebrachte Metapher anspielt, erschöpft sich das Motiv ´Geisterbeschwörung und Film´ nicht in dessen intermedialer Historizität. Um die Bandbreite des sebaldschen Spiritismus näher zu verstehen, muss weiter ausgeholt werden.
Geister und Phantome, einmal abgesehen vom intermedialen Zusammenhang, sind eine Motivik, die sich durch viele Schriften W.G. Sebalds zieht; so wird man auch in *Die Ausgewanderten* schnell fündig. Der letzten Erzählung *Max Aurach* ist ein punktgenaues Motto vorangestellt:

Im Abenddämmer kommen sie
und suchen nach dem Leben[28]

Der gesamte Text *Die Ausgewanderten* scheint wie eine einzige Totenbeschwörung und Geisterheimsuchung. So heißt es in der Paul-Bereyter-Erzählung:

Einmal ums andere [...] durchblätterte ich das Album [...] weil es mir beim Betrachten der darin enthaltenen Bilder tatsächlich schien [...], als kehrten die Toten zurück oder als stünden wir im Begriff einzugehen zu ihnen.[29]

Es ist die Wiederkehr der Vergangenheit und der Erinnerung, die hier mit

---

27 Vgl. Monika Schmitz-Emans: Entgrenzungsphantasien und Derealisierungs–erfahrungen: Das Kino im Spiegel des Romans bei Thomas Mann, Luigi Pirandello, José Saramago u. Yoko Tawada. In: Sandra Poppe u. Sascha Seiler (Hg.): Literarische Medienreflexionen. Künste und Medien im Fokus moderner und postmoderner Literatur. Berlin 2008. S.187.
28 W.G. Sebald: Die Ausgewanderten. Frankfurt a. M. 1994. S.217.
29 Ebd. S. 68f.

einer Art spiritistischen (immer auch medialen) Heimsuchung verglichen wird. Ähnlich von Geistern und Phantomen verfolgt sieht sich Austerlitz bei der Rekonstruktion seiner vergessenen Kindheit. Die Geisterheimsuchung ist bei Sebald aber eben nicht nur ein reiner Spiritismus, sondern bezieht sich vielmehr auch auf den psychoanalytischen Begriff des *Phantoms*, der durch Nicolas Abraham geprägt wurde.[30] Mit Phantom beschreibt Abraham traumatische Erfahrungen und Geheimnisse, die von der Elterngeneration an die Kinder unbewusst weitergegeben werden. Diese sind als Fremdkörper Auslöser ernsthafter psychischer Störungen, für deren psychoanalytische Behandlung es einer speziellen Herangehensweise bedarf.[31]
Vor allem beschreibt das Phantom eine Lücke – das Leiden an einer Störung, für die es in der eigenen Biografie keinen Anhaltspunkt gibt. Sebald bezieht sich bei seinen Geistern und Phantomen eben genau auf diese Heimsuchung aus einer Vorvergangenheit: So sind die untot umherwandelnden Bewohner Llandwyns zu deuten als Verkörperungen dieser Phantome, die, beladen mit schrecklichen Geheimnissen, aus einer anderen, längst vergangenen, untergegangenen Welt die Lebenden heimsuchen. Bevor die wandelnden Toten mit ihren verwischten Gesichtern und flackernden Rändern beschrieben werden, heißt es im Text:

Im Gegensatz zu Elias, der Krankheit und Tod immer in einen Zusammenhang brachte mit Prüfung, gerechter Strafe und Schuld, erzählte Evan von Verstorbenen, die das Los zur Unzeit getroffen hatte, die sich um ihren Teil betrogen wussten und danach trachteten, wieder ins Leben zurückzukehren.[32]

---

30 Vgl. Nicolas Abraham: Aufzeichnungen über das Phantom. Ergänzung zu Freuds Metapsychologie. Psyche. Jahrgang 45 (1991). S. 691- 698.
31 Vgl. ebd. S.696.
32 Austerlitz S.82f.

Diese Art von spiritistischem Volksglauben ist es, die Abraham in seinem Aufsatz als unbewusste Reaktion auf die transgenerationelle Übertragung von psychischen Störungen, eben den Phantomen, deutet.[33]

In *Die Ausgewanderten* leiden die Protagonisten an den verdrängten Erinnerungen an vergangenes eigenes Leid oder jenes, was Verwandten oder Nahestehenden angetan wurde. Es ist aber nicht unbedingt die Übertragung des Traumas aus der vergangenen Generation, die bei Sebald aufgegriffen wird. In diesem Sinne scheint es zu einer Abänderung, zumindest Weiterentwicklung des abrahamschen Phantoms gekommen zu sein.

Bei Austerlitz ist die transgenerationelle Verbindung gerissen, er wird heimgesucht von Phantomen aus einer Art Vorvergangenheit. Die Traumatisierung, von seinen Eltern alleine gelassen zu werden und in einem fremden Land mit fremder Sprache aufzuwachsen, sowie das sich anschließende Vergessen bzw. Verdrängen wirken hier wie Tod und Wiedergeburt.[34]

Die Phantome erreichen Austerlitz also aus einer Welt, die wie eine frühere Inkarnation erscheint und in dem Sinne nicht direkt transgenerationell aber doch jenseits der eigenen Erfahrung und Erinnerung liegt. Es sind phantomartige Visionen, die nicht nur unmittelbar mit seinem persönlichen Trauma der ausgelöschten Vergangenheit zu tun haben, sondern auch mit der Ermordung und (versuchten) Auslöschung eines ganzen Volkes.

Geister und Phantome ranken also einerseits um die typisch sebaldschen Themen Trauma und Erinnerung, andererseits aber ist die Wiederkehr der Toten auch verbunden mit dem Wunsch nach Erkenntnis. Dem Wunsch, mehr zu erfahren über die Vergangenheit, über die Toten und ihre Geheimnisse, die sie mit ins Grab genommen haben. Die Geister flackern bei

---

33 Vgl. Abraham 1991. S.696.
34 Vgl. Austerlitz S.324f. Hier ist von einem Zwillingsbruder die Rede, der auf dem Kindertransport nach Hoek van Holland stirbt.

Sebald nicht nur durch Halluzinationen und Träume, sie sind auch sehr real und technisch gebannt in Zelluloid vorhanden. In den Texten Sebalds wird der alte Vergleich von Film und Geisterwelt aufgegriffen, nicht nur um ein Bild für das abrahamsche Phantom zu finden, sondern auch, um anhand des Mediums Film Einblick in die Geheimnisse Verstorbener zu bekommen. Genau unter dieser Prämisse beschäftigt Austerlitz sich mit dem Propagandafilm über Theresienstadt, auf den am Ende der Untersuchung noch ausführlicher eingegangen werden soll.

3.2. Phantomspuren: Zur Trägheit des Auges

Recht zu Anfang von *Austerlitz* beschreibt die namensgleiche Hauptfigur so genannte „Schmerzensspuren, die sich, wie er zu wissen behauptete, in unzähligen feinen Linien durch die Geschichte ziehen."[35] Diesen Schmerzensspuren nachzugehen, ist zunächst der Kern von Austerlitz´ architekturhistorischer Arbeit, gleichzeitig aber bereits eine unbewusste Vorwegnahme der zweiten Spurensuche seines Lebens: der Rekonstruktion seiner `Vorvergangenheit´, der vergessenen Vergangenheit vor seinem Exil in England und dem eng mit der Shoa verbundenen Schicksal seiner Eltern.[36] Nach den Untersuchungen des Psychoanalytikers Dori Laub war der Holocaust ein Ereignis, das den Begriff der Zeugenschaft ebenfalls zu liquidieren versuchte. Nicht nur, indem Zeugen wie Opfer durch die Nazis getötet wurden, sondern durch das Unvermögen der Überlebenden, über

---

35 Austerlitz S.24.
36 Vgl. Anne Fuchs: „Die Schmerzenspuren der Geschichte". Zur Poetik der Erinnerung in W.G. Sebalds Prosa. Köln, Weimar 2004. S.41.

die schwer zu verarbeitbaren Erlebnisse Zeugnis abzulegen.[37] Laub schlägt eine Erinnerungsarbeit vor, bei der der Zeuge lernen soll, sein inneres Du anzusprechen und sich selbst als Zuhörer zu akzeptieren. Anne Fuchs bezieht diese Therapievorschläge durch Erinnerungsarbeit auf *Austerlitz* und bezeichnet die Suche nach seiner Vorvergangenheit, die ja auch Erinnerungsarbeit ist, als eine alternative Spurensuche.[38] Alternativ, da sie „nicht rationale, halluzinatorische Korrespondenzen zwischen Gegenständen freilegt, um eine verdrängte und in der Subjektivität verankerte Wahrheit zum Aufscheinen zu bringen."[39] Diese Korrespondenzen werden in *Austerlitz* immer wieder als Familienähnlichkeiten beschrieben und sind allgemeiner Ausgangspunkt für diese Suche als ein essayistisches Netz der Anspielungen und Referenzen, das über Ähnlichkeitsbezüge funktioniert.[40] Die Spurensuche ist bei aller vordergründigen Gelehrtheit und Gelehrsamkeit auch eine forschende Durchdringung des Irrationalen, eine Geisterjagd, eine Phantomjagd. Mit dem Phantom wird, wie oben bereits erläutert, u.a. auf den psychoanalytischen Begriff des Phantoms angespielt, womit der Bogen geschlagen wäre zu der Geisterbeschwörung der *Ausgewanderten* und dem spiritistischen Filmverständnis, das schon angesprochen wurde. Austerlitz' Spurensuche ist selbstverständlich eine Beschwörung der Toten und Heraufbeschwörung eigener innerer Geister. Zentral für die Phantomjagd und deren behaupteter Wahrhaftigkeitsgehalt ist die Nachtfalterepisode, die auch Fuchs zitiert:

---

37 Vgl. ebd. S.42. Anne Fuchs zitiert: Dori Laub: Truth and Testimony. The Process and the Struggle. In: Cathy Caruth (Hg.): Trauma. Explorations in Memory. Baltimore (u.a.) 1995. S.61-75.
38 Vgl. Fuchs 2004. S.43.
39 Ebd.
40 Vgl. Austerlitz S. 52. Zu den Ähnlichkeiten bei Sebald auch: Martin Sigurd: Lehren vom Ähnlichen. Mimesis und Entstellungen als Werkzeuge der Erinnerung. In: (Ders.); Ingo Wintermeyer (Hrsg.): Verschiebebahnhöfe der Erinnerung. Zum Werk W.G. Sebalds. Würzburg 2007. S.81-103.

Die vor allem von Gerald bewunderten Leuchtstreifen, die sie [die Nachtfalter, C.K.] *dabei in verschiedenen Kringeln, Fahrern und Spiralen hinter sich herzuziehen schienen, existierten in Wirklichkeit gar nicht, erklärte Alphonso, sondern seien nur* **Phantomspuren***, die verursacht würden von der* **Trägheit unseres Auges***, das einen gewissen Nachglanz an der Stelle noch zu sehen glaube, von welcher das im Widerschein der Lampe nur einen Sekundenbruchteil aufstrahlende Insekt selber schon wieder verschwunden sei. Es sei an solchen unwirklichen Erscheinungen, sagte Alphonso, am* **Aufblitzen des Irrealen in der realen Welt***, an bestimmten Lichteffekten in der vor uns ausgebreiteten Landschaft oder im Auge einer geliebten Person, daß unsere* **tiefsten Gefühle** *sich entzündeten oder jedenfalls das, was wir dafür hielten.*[41] [Hervorhebungen C.K.]

Das aus zwei Sätzen zusammengesetzte Zitat ist hier in seiner vollständigen Größe wiedergegeben, da es für die nun folgenden Thesen von entscheidender Bedeutung ist: Man muss sich nicht unbedingt mit Filmtheorie und Filmtechnik befasst haben, um die `Phantomspuren´ mit dem Medium Film in Verbindung zu bringen, denn u.a. die beschriebene Trägheit des Auges macht den Effekt des Films möglich – nämlich schnell aufeinander folgende Bilder als geglättete Bewegung wahrzunehmen.[42] Der Film entsteht als visueller Trick, der die Schwäche unserer Wahrnehmung ausnutzt und deshalb eigentlich außerhalb des objektiv wahrnehmbaren steht. Genau wie die Leuchtstreifen, die „in Wirklichkeit gar nicht"[43] existieren, ist der Film also auch eine Art Phantomspur, ein „Aufblitzen des Irrealen

---

41   Austerlitz S.139.
42   Dass es *nur* die Trägheit des Auges sei, ist ein weit verbreiteter Irrtum: viel wichtiger ist der so genannte Stroboskopeffekt, vgl. z.B. Friedrich von Zglinicki: Der Weg des Films. Hildesheim 1979.
43   Austerlitz S.139.

in der realen Welt"[44]. Letzteres übrigens im doppelten Sinn, nicht nur rein auf physikalischer Ebene, sondern auch im Allgemeinen, wenn es fiktional erzählender Film ist.

Nutzt Austerlitz auf seiner Phantomsuche demnach auch den Film, um in der Irrationalität von Kunst und Fiktion tiefe bzw. wahre Gefühle zu entdecken? Ist der Film ein Mittel für Austerlitz, nicht nur die verschüttete Erinnerung an seine Vorvergangenheit zutage zu befördern und an Erfahrungen teilzuhaben, die er gar nicht erlebt hat, sondern auch ein Mittel für das Erlangen einer höheren Erkenntnis, die vielleicht am Ende mit einer Art Erlösungsversprechen aufwarten soll?

Nicht nur in Bezug auf den Text *Austerlitz* und seine Hauptfigur müssen diese Fragen gestellt werden, sondern auch hinsichtlich der Verwendung des Films als Referenzmittel durch den Autor W.G. Sebald selbst. Damit wäre das Verfahren der Intermedialität selbst eine Art Spurensuche in den Fußstapfen unserer Kultur und aller ihrer Artefakte, zu denen natürlich auch der Film gehört.

3.3. Projektion: „…und siehst du die Karawane, die dort durch die Dünen kommt?"

3.3.1. Laterna Magica

Eine weitere Textstelle aus *Austerlitz* soll herangezogen werden, um auf zusätzliche Aspekte des medienreflexiven, systemreferenziellen Diskurses bei W.G. Sebald hinzuweisen. Austerlitz schildert, wie er in seiner Jugend

---

44 Vgl. Ebd.

das letzte Mal bei den Fitzpatricks ist und in ihm die letzte Begegnung mit Geralds Mutter Adela Erinnerungen an vergangene Sommertage weckt, die er mit Adela verbrachte.

Nach dem Federballspiel blieben wir meist eine Weile noch in dem Saal und schauten, bis zu ihrem Erlöschen, die Bilder uns an, die von den waagerecht durch das bewegte Gezweig eines Weißdorns dringenden letzten Strahlen der Sonne an die Wand gegenüber dem hohen Spitzbogenfenster geworfen wurden.[45]

Austerlitz und Adela werden Zeuge einer durch Sonnenlicht und Weißdorn ermöglichten Projektion von Bildern, eine Art natürliche *Laterna Magica*. Diese seit dem 18. und 19. Jahrhundert in Europa weit verbreitete Projektionsform ist bekanntlich eine Vorform des Filmprojektors, die seit dem 17. Jahrhundert bereits zur Bildaufführung vor Publikum fungierte.[46] Auf jeden Fall befinden sich Adela und Austerlitz medienwissenschaftlich betrachtet in einem Dispositiv des Kinos oder zumindest einer Vorform des Kinos: Im abgeschlossenen, dunklen Raum werden durch Lichtstrahlen bewegte Bilder an eine freie „lichte" Fläche geworfen:[47]

Die schütteren Muster, die dort in ständiger Folge auf der lichten Fläche erschienen, hatten etwas Huschendes, Verwehtes, das sozusagen nie über den Moment des Entstehens hinauskam, und doch waren hier, in diesem immer neu sich zusammensetzenden Sonnen- und Schatten-

---

45 Austerlitz S.166.
46 Vgl. Marie Louise Plessen (Hg.): Sehnsucht. Das Panorama als Massenunterhaltung des 19. Jh. Frankfurt a. M. 1993. S.115.
47 Vgl. Jean- Louis Baudry: Das Dispositiv: Metapsychologische Betrachtungen des Realitätseindrucks. In: Psyche. Jahrgang 48 (1994). S.1047-1074.

geflecht, Berglandschaften mit Gletscherflüssen und Eisfeldern zu sehen[...][48]

Es folgt eine mehrere Zeilen in Anspruch nehmende Aufzählung unterschiedlichster Landschaften und Topographien, geologischer und biologischer Beschaffenheit – von der Größe von Hochebenen und Archipelagos zu der Winzigkeit von Blumensaaten und Zittergras. Ein Mikro- und Makrokosmos projizierter Landschaften, die natürlich, wie könnte es anders sein, vor allem innere Landschaften sind.

Denn im Gegensatz zu den ersten, von einer Kamera detailgetreu wiedergegebenen bewegten Bildern (wie zum Beispiel der analytisch dargestellte Lauf eines Pferdes), kann die Laterna Magica im selbstreflexiven Filmuniversum als Metapher für die Projektion innerer Bilder auf eine Leinwand gelesen werden.[49] Die Zauberlaterne bietet sich dafür besonders an, da sie im 18. Jahrhundert Bilder projiziert, die rein auf die Konzeption des Künstlers zurückgehen, während die Camera Obscura zum Hilfsmittel der naturgetreuen Abbildung wird.[50]

Thomas Lehmann vergleicht das Dispositiv der Zauberlaterne in seiner Monographie über Blickbezüge in der Fiktion mit einer Sequenz in Goethes *Die Wahlverwandtschaften*: Die Kapelle des Architekten wirkt als Zauberlaterne, Ottilies innere Bilder werden projiziert.[51] „Durch das einzig hohe Fenster fiel ein ernstes buntes Licht herein"[52] heißt es im Text *Wahlverwandtschaften* und Lehmann folgert nachvollziehbar einen Spitzbogen

---

48   Austerlitz S.166.
49   Vgl. Thomas Lehmann: Augen zeugen. Zur Artikulation der Blickbezüge in der Fiktion; mit Analysen zum Sehen in J. W. Goethes Roman "Die Wahlverwandtschaften" (1809) und in Peter Greenaways Film "The draughtsman's contract" (1982). Tübingen 2003. S.252.
50   Vgl. ebd. S.251.
51   Vgl. ebd. S.252.
52   Johann Wolfgang Goethe: Die Wahlverwandtschaften. München 2005. In: (Ders.) Hamburger Ausgabe Hrsg. von Erich Trunz. S.138.

der Gotik.[53] Ist es Zufall, dass auch das *Laterna Magica*-Dispositiv in Austerlitz durch ein Spitzbogenfenster beleuchtet wird, oder muss nach einem Zusammenhang gesucht werden?[54]

3.3.2. Zum Dispositiv des Kinos und des Traums

Adela und Austerlitz befinden sich unter dem Einfluss der Bilder aus der natürlichen Zauberlaterne, wie schon erwähnt, auch im Dispositiv des modernen Kinos: Die Bilder erscheinen auf einer „lichten Fläche", die sofort an die Leinwand des Kinos denken lässt.
Jean-Louis Baudry hat das Kino-Dispositiv – Dunkelheit, Unbeweglichkeit der Rezipienten, der intensive Realitätseindruck – nicht nur mit Platons Höhlengleichnis, sondern auch mit dem Dispositiv des Traums verglichen.[55] Dabei bezieht er sich auf die Schriften Freuds, besonders die *Metapsychologische Ergänzung zur Traumlehre*. Hier beschreibt Freud den Traum als `halluzinatorische Wunschpsychose´, die das Subjekt in einen Zustand der Regression versetzt, aus dem heraus die Realitätsprüfung nicht mehr möglich ist.[56] Einen ähnlichen Vorgang sieht Baudry im Falle einer Kinovorführung und tatsächlich akzeptieren Austerlitz und Adela beide die „schütteren Muster" als Bilder von Naturlandschaften:

... [die Muster] *hatten etwas Huschendes, Verwehtes, das sozusagen nie über den Moment des Entstehens hinauskam und doch waren hier,*

---

53 Vgl. Lehmann 2003. S.247.
54 Austerlitz S.166.
55 Vgl. Baudry 1994. S. 1068ff.
56 Vgl. Sigmund Freud: Metapsychologische Ergänzung der Traumlehre. In (Ders.): Gesammelte Werke. Band 10. Werke aus den Jahren 1913-17. Frankfurt a. Main 1991. S.420.

[...] Berglandschaften mit Gletscherflüssen und Eisfeldern zu sehen[...][57]

Nicht nur die projizierten Bilder in der natürlichen Laterna Magica, deren Adela und Austerlitz gemeinsam Teil werden, erinnern an das Dispositiv des Traums, sondern die gesamte Erinnerungsepisode zeigt eine gewisse Traumverwandtschaft: Austerlitz beschreibt wie Adela beim Federballspiel „schwebte [...], viel länger oft, als es die Schwerkraft erlaubte, ein paar Spannen über dem Parkettboden in der Luft."[58] Auch der prompte, durch einen Gedankenstrich angezeigte Übergang aus dem vermittelten Erzählmodus von Austerlitz' Erinnerung in die erzählte Gegenwart ist wie das plötzliche Aufwachen aus einem Traum gestaltet:

– Als Austerlitz diese ihm unvergesslich gebliebene Frage Adelas wiederholte, da waren wir bereits auf dem Weg von Greenwich in die Stadt zurück.[59]

Mit einem Mal ist die Gegenwart, aber auch die Verortung der Protagonisten (Ich- Erzähler und Austerlitz: `wir´) im Raum wiederhergestellt.
Auch Adelas Erkennen der Karawane in den Bilder der Laterna Magica scheint etwas traumverwandtes zu haben, da das Bild-Motiv der Karawane genauso gut den inneren Bilderwelten Austerlitz' zugeordnet werden kann, wie noch genauer erläutert werden wird. Damit wäre Austerlitz als träumendes Subjekt und bestimmende Instanz benannt, die in einer doppelten Potenzierung nicht nur die Bilder auf der Wand erkennt, sondern auch Adelas Wahrnehmung bestimmt.
Dabei darf die Traumthese nicht überstrapaziert werden, auf Gefahr hin,

---

57   Austerlitz S.166.
58   Ebd. 165f.
59   Ebd. S.166.

eine Art Totschlagargument geschaffen zu haben. Es ist immerhin Adela, die die Karawane aus den Mustern herausdeutet und nicht Austerlitz. Handelt es sich also bei dieser Interpretation nicht nur um das Lesen einer Projektion, sondern auch um eine Projektion im freudschen Sinne, also, dass Vorstellungen und Affekte, die das Subjekt nicht als eigene anerkennen will, der Außenwelt zugeordnet werden?[60] In dem Sinne wäre die Karawane Adelas inneres Bild. Schlüssiger ist hingegen, dass das Bild der Karawane sowohl Adela als auch Austerlitz zuzuordnen wäre – als eine Art inneres Universal-Bild der gesamten Menschheit.

3.3.3. Das Motiv der Karawane

„Siehst du die Wipfel der Palmen und siehst du die Karawane, die dort durch die Dünen kommt?"[61] fragt Adela Austerlitz, obwohl die beiden in eine bereits „verdämmernde Welt"[62] schauen. Dabei wird ihr ein Motiv in den Mund gelegt, das nicht nur an entscheidenden Stellen des *Austerlitz*-Textes seinen prägnanten Auftritt hat, sondern auch in *Die Ausgewanderten* wiederholt auftaucht. Häufig nur als Andeutung, eben aber auch sehr konkret, wenn in *Ambros Adelwarth* der Cosmo Solomon und der Titelprotagonist an der Seite einer Gruppe von Arabern durch die Wüste ziehen.[63] Die Sekundärliteratur hat dem durch beide Texte sich ziehenden Karawanenmotiv allerlei Bedeutung zugeschrieben: von der alttestamentarischen Wüstendurchquerung der Juden bis hin zum Zug hinein in das Totenreich.[64]

---

60 Vgl. Baudry 1994. S.1064.
61 Austerlitz S.166.
62 Ebd.
63 Vgl. Die Ausgewanderten S.212ff.
64 Vgl. Klaus Bonn: W.G. Sebalds laufende Bilder .Der Film und die Wörter . In: Arcadia 42 (2007), Heft 1. S.177.

Das Motiv wird dem Leser in den Jugenderinnerungen Austerlitz´ mithilfe eines natürlichen Projektionsapparates präsentiert – womit wir uns mitten in den Sehfigurationen und Bilderwelten der Romantik befinden: Zum einen ist das Dispositiv der Zauberlaterne mit seinen traumähnlichen und verschwommenen Bildern von vornherein besonders der Romantik zuzuordnen.[65] Zum anderen ist es die Natur selbst, vertreten durch Weißdorn und Sonnenlicht, die sich in den projizierten Bildern quasi-artikuliert. Das Ideal einer Natursprache ist Teil der romantischen Vorstellungswelt, genauso übrigens, wie die Einheit von Mikrokosmos und Makrokosmos, die in den projizierten Landschaftsbildern selbst angedeutet wird.[66] Mit dem ominösen Spitzbogenfenster schließt sich das romantische Ensemble, da Gotik im frühen 19. Jahrhundert besonders aufgrund der Mittelalteridealisierung seine ästhetische Wiederbelebung fand, was sich nicht zuletzt in Goethes frühromantischer Kapelle aus *Wahlverwandtschaften* oder in den Bildern Caspar David Friedrichs zeigt.[67]

Da sich Austerlitz und Adela offenbar in einem von der ästhetischen Romantik inspirierten Setting befinden, kann auch das Bild der Karawane dieser Ästhetik zugeordnet werden: Es ist ein Bild der Heimatlosigkeit, des Transitorischen, des Auf-der-Welt-nicht-zuhause-seins. Bei Eichendorff heißt es:

Wir alle sind verirrt,
seitdem so weit hinaus,
Unkraut die Welt verwirret.
Find´t keiner mehr nach Haus.[68]

---

65   Vgl. August Langen: Anschauungsformen in der deutschen Dichtung des 18. Jahrhundert. Darmstadt 1965. S.109.
66   Vgl. Detlef Kremer: Romantik. Stuttgart 2003. S.60ff.
67   Gotische Architektur ist z.b. im Friedrich-Bild *Abtei im Eichwald* zu sehen.
68   Siehe Joseph von Eichendorff: Gedichte. Versepen. In: (Ders.) Werke in sechs Bänden. Band 1. Hrsg. von Wolfgang Frühwald; Brigitte Schillbach; Hartwig Schultz. Frankfurt a. M. 1987. S.357.

Die Heimatlosigkeit und das ewige Unterwegssein trifft nicht nur die Denkwelt der Romantik, sondern deckt sich auch mit der Verfassung der Figur Austerlitz. Die projizierte Karawane kann als romantisches Motiv, direkt aus dem Inneren des Protagonisten gedeutet werden. Zudem ist es kein Zufall, dass die Karawane gerade im Zuge einer intermedialen Textstelle ihren bedeutungsvollen Auftritt hat: Hier ist es ein systemreferenzieller intermedialer Bezug, doch die Karawane kehrt im Zusammenhang diverser Einzeltextreferenzen, sprich Filmzitate, wieder, die weiter unten genauer besprochen werden sollen. Am Ende wird sich herausstellen, dass das Motiv der Karawane eng verbunden ist mit dem Phänomen der Intermedialität bzw. der intermedialen Bezüge in Sebalds Texten. Abgesehen von jedem Filmzitat drückt sich die Nähe des Karawanenmotivs zur Intermedialität deutlich in *Max Aurach* aus. Hier sitzt der Titelprotagonist im Stammlokal immer vor einem Fresko einer Karawane, die „aus der fernsten Tiefe des Bildes heraus [...] direkt auf den Betrachter zu sich bewegte."[69] Das Motiv, in diesem Fall gebunden in ein durch Ekphrasis beschriebenes (fiktives) Fresko, zeigt auf den Betrachter – also in Hinsicht und Übertragung auf das Medium Text, eigentlich auf den Leser. Max Aurach selbst, der aufgrund seiner Methode der bildenden Kunst mit Staub beschmierte Hände hat, wird beschrieben, „als sei er soeben aus dem Wüstenbild herausgetreten oder als gehöre er in es hinein."[70]
Auf zwei Dinge weist die Textstelle bereits hin: zum einen auf die Durchlässigkeit zwischen den Medien und fiktionalen (Kunst-)Welten, die auch Intermedialität beschreibt. Zum anderen auf den Betrachter/Leser, der dahingehend in einem bestimmten Verhältnis dazu steht bzw. von der Intermedialität selbst gefordert wird.

---

69 Die Ausgewanderten S.243.
70 Ebd.

3.4. Systemreferenz bei W.G. Sebald: Eine Zusammenfassung

Systemreferenzielle intermediale Bezüge in Sebalds Texten finden sich gehäuft im Essay *Kafka im Kino* wie in seinem großen letzten Text *Austerlitz*. Oft reproduziert Sebald einen bekannten medienmetaphorischen Diskurs, wie den der Geisterbeschwörung oder Traumähnlichkeit, um ihn allerdings in eine eigene Diskursstruktur einzubauen: Die Geisterähnlichkeit des frühen Films wird verbunden mit dem Auftreten transgenerationeller Traumata oder dem Wunsch nach Erkenntnis aus der Konsultation jenseitiger Kräfte (Séance) eben mithilfe eines spiritistisch aufgeladenen Mediums Film.
Diese Suche nach Erkenntnis ist nichts anderes als jene oft zitierte alternative Spurensuche, die sich auch Bereiche der Irrealität als Erkenntnisfeld zu suchen pflegt. Besonders die Verwandtschaft des Films mit der Halluzination, dem Traum und dem Ausdruck des Unbewussten ordnen ihn eher dem Bereich der Irrealität zu.
In der sich nun anschließenden Hauptuntersuchung sollen zahlreiche Filmzitate in Korrespondenz zu ihrem Primärtext gegengelesen und analysiert werden. Dabei handelt es sich nach der Terminologie von Irina Rajewsky nicht mehr um reine Systemreferenzen, sondern um so genannte Einzeltextreferenzen. Da jedes Filmzitat allerdings nicht nur auf den jeweiligen Film hinweist, sondern auch auf das mediale System Film selbst, muss immer wieder auf Elemente des medienreflexiven Diskurses bei Sebald rekurriert werden.

4. Einzeltextreferenzen: Markierte und unmarkierte Filmzitate in *Die Ausgewanderten* und *Austerlitz*

4.1. Kinoerlebnis: Präexistenz und Filmhypnose

4.1.1. Die Traumbilder des Kaspar Hauser

4.1.1.1. Assoziation und Erinnerung

An vieldiskutierter und vielleicht entscheidender Stelle in *Dr. Henry Selwyn*, der ersten Erzählung aus *Die Ausgewanderten*, findet eine Diaprojektion von Fotografien statt. Das letzte Bild in dieser Reihe wird lange von allen Anwesenden (der Icherzähler und seine Frau Clara, der titelgebende Dr. Selwyn und sein Freund Edward Ellis) betrachtet, „so lang sogar, dass zuletzt das Glas in dem Rähmchen zersprang"[71]. Es zeigt die im Gegenlicht aufgenommene Hochebene von Lasithi auf Kreta unter dessen beschriebenen Bildkomponenten besonders die „Aberhunderten weißen Segeln der Windpumpen"[72] hervorgehoben werden. Auf die Einzelheiten der Ekphrasis und der Fotografierezeption bezüglich des zersprungenen Glases kann hier nicht weiter eingegangen werden, das wurde in den Arbeiten vieler Autoren bereits ausführlich getan.[73] Von Bedeutung ist die Assoziations- und Erinnerungskette, die im Text anschließend beschrieben wird und an deren Anfang jene projizierte Fotografie der Hochebene von Lasithi steht. Zunächst, schildert der Erzähler, habe er das Foto jedoch lange Zeit vergessen und erst ein paar Jahre später sei die Erinnerung daran zurückgekehrt infolge der Rezeption eines Kinofilms.

---

71 Die Ausgewanderten S.28.
72 Ebd.
73 So z. B.: Claudia Öhlschläger: Beschädigte Leben, erzählte Risse. W.G. Sebalds poetische Ordnung des Unglücks. Freiburg 2006, u. Thomas von Steinaecker: Literarische Foto-Texte: Zur Funktion der Fotografien in den Texten Rolf Dieter Brinkmanns, Alexander Kluges und W.G. Sebalds. Bielefeld 2007.

Wiederbelebt ist er worden erst ein paar Jahre darauf, als ich in einem Londoner Kino das Traumgespräch sah, das Kaspar Hauser mit seinem Lehrer Daumer im Küchengarten des Daumerschen Hauses führt und wo Kaspar, [...] zum erste Mal unterscheidet zwischen Traum und Wirklichkeit, indem er seine Erzählung einleitet mit den Worten: Ja, es hat mich geträumt. Mich hat vom Kaukasus geträumt. [74]

Zwar wird der Titel des Films nicht explizit genannt, aber aus der Szenenbeschreibung und den Figurennamen Kaspar Hauser und Daumer hat die Forschung eindeutig belegt, dass es sich um den Film *Jeder für sich und Gotte gegen alle* (1974) von Werner Herzog handelt. [75]
Die durch die Erinnerung und Assoziation erfolgte Einführung des Filmzitates leitet nun über zu einer weiteren Ekphrasis und zwar der von rezipierten Film- bzw. Kinobildern der so genannten Kaukasus-Traum-Sequenz.

Die Kamera bewegt sich dann von rechts nach links in einem weiten Bogen und zeigt uns das Panorama einer von Bergzügen umgebenen, sehr indisch aussehenden Hochebene, auf der zwischen grünem Gebüsch und Waldungen pagodenartige Turm- oder Tempelbauten mit seltsam dreieckigen Fassaden aufragen, Follies, die in dem pulsierend das Bild überblendenden Licht mich stets von neuem erinnern an die Segel der Windpumpen von Lasithi, die ich in Wirklichkeit noch gar nicht gesehen habe. [76]

---

74 Die Ausgewanderten S.29.
75 Vgl. z.B. Stefan Wieczorek: Von Intertextualität zu Intermedialität. Tendenzen der Gegenwartsliteratur am Beispiel von W.G. Sebalds Erzählung Dr. Henry Selwyn. In: Karin Hermann; Sandra Hübenthal (Hg.): Intertextualität. Perspektiven auf ein interdisziplinäres Arbeitsfeld. Aachen 2007. S.156ff.
76 Die Ausgewanderten S. 29.

In der Literatur wird wiederholt auf die Diskrepanz zwischen „Kaukasus"[77] und der durch den Text als „sehr indisch"[78] beschriebenen Landschaft hingewiesen: Die Bildbeschreibung enthülle damit die mangelnde Integrationsfähigkeit von Signifikant (Kaukasus) und Signifikat (tatsächlich abgebildete Landschaft) in einem Traumgebilde.[79] Da die gesamte Textstelle eigentlich exemplarisch einen Erinnerungsprozess schildert, werden Traum und Erinnerung in eine thematische Nähe gebracht, die beide mit einem diskontinuierlichen Zeichensystem arbeiten.[80] Stefan Wieczorek weist darauf hin, dass der geschilderte, sich eröffnende Erinnerungsraum immer auch ein Assoziationsraum ist – dem müsste hinzugefügt werden, dass beides in enger Verwandtschaft und Nähe zum Traum steht.[81] Damit wäre die bei *Dr. Henry Selwyn* beschriebene Traumlandschaft Kaspar Hausers genauso als Assoziations- und Erinnerungslandschaft zu verstehen.

4.1.1.2. Bricolage oder die Familienähnlichkeiten in der Form

Um über zeichen- und erinnerungstheoretische Auslegungen hinaus zu kommen, muss allerdings der Referenztext einer näheren Betrachtung unterzogen werden. *Jeder für sich und Gott gegen alle* gibt die hauptsächlich

---

77 Ebd.
78 Ebd.
79 Vgl. Judith Kasper: Intertextualitäten als Gedächtniskonstellationen im Zeichen der Vernichtung. Überlegungen zu W.G. Sebalds Die Ausgewanderten.In: Barbara Beßlich; Katharina Grätz; Olaf Hildebrand (Hrsg.): Wende des Erinnerns? Geschichtskonstruktionen in der deutschen Literatur nach 1989. Berlin 2006. S.95.
80 Vgl. Öhlschläger 2006. S.43.
81 Vgl. Wieczorek 2007. S.158.

durch Anselm von Feuerbach überlieferten Vorgänge um den im 19. Jahrhundert auftauchenden Kaspar Hauser wieder, der ohne Begriff von Sprache und Welt in einem Kellerloch groß geworden war.[82]
Stefan Wieczorek ergänzt seinen Kommentar zu der Traumgespräch-Szene mit einigen hilfreichen Informationen zur formalen Ebene des `Kaspar Hauser´-Films, die er dem ausführlichen DVD-Audiokommentar durch den Regisseur selbst entnommen hat:[83] Das Bildmaterial der Traumsequenz ist in vielerlei Hinsicht Fremdmaterial, da es zum einen durch Herzogs Bruder statt auf 35mm auf 8mm aufgenommen wurde. Zum anderen hat Herzog dasselbe Material auf eine durchlässige Leinwand projizieren lassen und von dort wieder mit einer kinogemäßen 35mm Kamera abgenommen.
Die Traumsequenzen sind also eingeordnet in den Film nach dem Konzept der Collage, wenn nicht sogar Bricolage und in ihren mehrfachen Projektions- und Belichtungsverfahren auch für die Medienwissenschaft von Interesse. Die so entstandenen Bilder reflektieren in ihrer potenzierten Entstehungsweise ihre absolute Entfernung von jeder Realitätswahrnehmung, enttarnen aber auch die so genannten wirklichen Bilder des Films als artifiziell.[84]
Ob nun der Verfasser von *Die Ausgewanderten* über den Entstehungsprozess dieser Bilder Bescheid wusste, kann man nur mutmaßen. Zumindest ist selbst für einen Laien die Fremdheit des `Traummaterials´ auszumachen und es ist stark anzunehmen, dass Sebald in der Sequenz eine Widerspiegelung seines eigenen Verfahrens erkannte – gesammeltes Fremdmaterial unterschiedlicher medialer Herkunft in ein Ganzes zu verweben.[85]

---

82 Vgl. Brad Prager: The cinema of Werner Herzog. Aesthetic of truth. London 2007. S.60ff.
83 Vgl. Wieczorek 2007. S.158 Fußnote 23; auch Audiokommentar zum Film.
84 Vgl. Prager 2007. S.70.
85 Zum Verfahren der Bricolage: Kapitel 2.2., Fußnote 14.

Zumal der ganze Film voll von Bildern unterschiedlichster Provenienz ist: Einige andere Traumsequenzen sind unter Einsatz der gleichzeitigen Verwendung von Weitwinkel- und Teleobjektiv und mithilfe des Experimentalfilmemachers Klaus Wyborny entstanden.[86] Kaspars Todesvision nach dem ersten Anschlag auf ihn wurde an einem Wallfahrtsort in Irland gedreht und zeigt, bei näherem Hinsehen durchaus auszumachen, Menschen in moderner Kleidung.[87] Der Film ist also ein Sammelsurium unterschiedlichster, `falscher´ Bilder, die immer wieder indirekt auf die Gemachtheit des Ganzen hinweisen – ein Konzept, das auch den meisten Werken Sebalds zugrunde liegt.

Damit erschöpfen sich die Korrespondenz- und Ähnlichkeitsmerkmale zwischen Herzogs Kaspar-Hauser-Film und Sebalds Texten jedoch noch lange nicht: Herzog schuf mit Filmen wie z.B. *Aguirre, Zorn Gottes* (1972) und auch *Jeder für sich und Gott gegen alle* fast so etwas wie ein eigenes Genre, das zwischen Fiktion und Dokumentation, krassem Naturalismus und Poesie changiert. So werden im Film Primärquellen aus der authentischen Fallgeschichte Kaspar Hausers implementiert und vermischt mit eigenen Schöpfungen des Filmautors. Auch ist der Darsteller des Kaspar Hauser kein ausgebildeter Schauspieler, sondern der Straßenmusiker Bruno S., dessen eigene Autobiografie viele geradezu erschreckende Berührungspunkte zu der historischen Hauptfigur des Films aufwies. Besonders die Intensität seiner Darstellung, die sichtbar durchwoben ist von eigenen biografischen Erfahrungen, verleiht dem Film einen überwältigenden Grad von Authentizität, wie er in jedem anderen Kostümfilm nicht zu finden ist. Gerade dieses Spiel zwischen Realität und Fiktionalität, zwischen poetischer Gekünsteltheit und indiziengeführter Authentizität findet sich auch in den Werken W.G. Sebalds respektive in *Die Ausgewanderten*. Es ist, als halte Sebald sich den formalen Spiegel vor, wenn

---

86 Vgl. Audiokommentar.
87 Vgl. ebd.

er aus Herzogs Film zitiert. Ob es sich dabei um den Hinweis auf eine Beeinflussung handelt (also der Gruß an den Referenztext) oder ob da ein Zeitgenosse (und Bruder in Kunst und Geiste) den anderen zitiert, ist in diesem Fall schwer festzustellen.

4.1.1.3. `Präexistenz` oder die Familienähnlichkeiten auf Inhaltsebene

Doch von der formalen Ebene des Films zurück zur Inhaltsebene: Hier legt Werner Herzogs Interpretation des zahlreich verwendeten Stoffs besonderen Wert auf die Wirklichkeitswahrnehmung Kaspars, die zum Gegenstand der Traumgesprächs-Szene wird.[88] Ganz gegen die scheinbare Behauptung des sebaldschen Textes nämlich, unterscheidet Kaspar nicht vollkommen zwischen Traum und Wirklichkeit, sondern drückt mit dem „Ja, es hat mich geträumt."[89] sein gegen die Konvention verstoßendes Wirklichkeitsverständnis aus. Ob Kaspar träumt oder Gegenstand des Traumes ist, lässt die Aussage offen, kann durch Kaspar gar nicht vollkommen klar formuliert werden. Dass dieser Ausspruch wiederum in *Dr. Henry Selwyn* wörtlich zitiert wird, zeigt die Doppelbödigkeit der vorher gemachten Aussage, Kaspar unterscheide in dem Traumgespräch zum ersten Mal zwischen Traum und Wirklichkeit. Der Text *Die Ausgewanderten* spielt hier gerade mit den Kategorien Wirklichkeit, Traum, Erinnerung und Wahrnehmung, um die Nähe und letztliche Undefiniertheit dieser Zustände zu enthüllen, wie oben bereits angedeutet.
Bei allen hilfreichen Ansätzen bezüglich der Textstelle ist den meisten Autoren der gesichteten Sekundärliteratur aber offenbar entgangen, dass Sebald sich in einem frühen Essay bereits zum Thema Kaspar Hauser ge-

---

88 Vgl. Wieczorek 2007. S.157.
89 Die Ausgewanderten S.29.

äußert hat.[90] Zwar zu Peter Handkes gleichnamigen Stück von 1968 aber etwa zu einer Zeit, als der Film von Herzog im Kino lief (der Essay ist von 1975). Hier wirft Sebald einen von Hofmannsthal entliehenen Begriff der Präexistenz auf:

> *Diese besondere Qualität* [gemeint ist ein unhistorisches Empfinden wie nach Nietzsche, C.K.] *ist zugleich der Grund für Kaspars Fremdheit. Hofmannsthal hat ähnliche Konjekturen mit seinem Begriff von der Präexistenz verbunden, einem Zustand der Schmerzlosigkeit, jenseits des Traumas, in dem ein kaum wahrnehmbares Glück, eben das einfache bloßen Daseins, ununterbrochen sich erhält.*[91]

Kaspar Hauser wird als Traumatisierter gekennzeichnet, der sich sehnt nach einem Zustand der Präexistenz, einem Zustand vor der Traumatisierung. Der Begriff der Präexistenz bei Hofmannsthal spielt hauptsächlich auf Sigismund, den Helden des Trauerspiels *Der Turm* an, der auch eine Art Kaspar-Hauser-Figur ist. Der Turm selbst, Ort der Gefangenschaft Sigismunds, wird Symbol dieses Zustandes und kehrt interessanterweise auch im Herzog-Film wieder.[92]

Zurück zu dem in *Dr. Henry Selwyn* zitierten Traumgespräch und Kaspars Traumbildern: In seiner Monografie zu Werner Herzogs Filmen äußert Brad Prager sich dazu folgendermaßen: „it's an alternate or outside reality, conditioned by Kaspar`s longing to his point of origin."[93]

Dieser „point of origin" wäre nach Prager ein vorsprachlicher Urzustand,

---

90 Vgl. W.G. Sebald: Fremdheit, Integration und Krise. Über Peter Handkes Stück Kaspar. In: (Ders). Campo Santo. Hrsg. von Sven Meyer. München 2003. S. 57-68.
91 Ebd. S.59.
92 Zum Begriff der Präexistenz bei Hofmannsthal: Ute Nicolaus: Souverän und Märtyrer. Hugo v. Hofmannsthals späte Trauspieldichtung vor dem Hintergrund seiner politischen und ästhetischen Reflexionen. Würzburg 2004. S.170ff.
93 Prager 2007. S.69.

in dem in der Tradition Freuds nicht zwischen dem Selbst und dem Anderen (meist der Mutter) unterschieden wurde. Dabei bezieht Prager sich nicht nur auf die Bilder der Traumgesprächs-Szene, sondern auf die meisten im Film vorkommenden Traumbilder und vor allem jene des Anfangs, wo das Bild einer Frau, vielleicht der Mutter, zu sehen ist.[94] Die Traumbilder können also als Ausdruck einer Sehnsucht nach der so genannten Präexistenz gedeutet werden und Kaspar als traumatisierte Figur ist das Subjekt dieser Sehnsucht.

Einmal abgesehen von den bereits oben festgehaltenen, formalen Ähnlichkeiten und Korrespondenzen, machen diese Feststellungen Kaspar Hauser, vor allem aber den zitierten Film von Werner Herzog, zu einem bedeutenden Prätext für *Dr. Henry Selwyn*, wenn nicht sogar für die ganzen *Ausgewanderten*. Auch Wieczorek hat den Protagonisten Henry Selwyn schlüssiger Weise mit Kaspar Hauser verglichen, die Ähnlichkeiten gehen aber noch weit über seine Bemerkungen hinaus:[95] das nicht selbst verschuldete Exil durch die Emigration seiner Eltern, die Sehnsucht nach einer lange verlassenen Heimat, einer Art Präexistenz, der gelehrte kometenartige Aufstieg zum Mediziner, bei nachfolgendem emotionalen und materiellen Sturz, schließlich der gewaltsame Tod machen Selwyn zu einer Kaspar-Hauser-Figur. Genau wie andere durch Sebalds Texte wimmelnde, unter Deprivation leidende, traumatisierte Figuren wie z.B. Max Aurach und natürlich Austerlitz – letzterer ist wohl die andere große Kaspar-Hauser-Figur in Sebalds Oeuvre.

---

94 Vgl. ebd. S. 68ff.
95 Vgl. Wieczorek 2007. S.58.

4.1.1.4. Die Karawane als Zitat?

Nicht nur die Figur des Kaspar Hauser, sondern ein weiteres Motiv aus Werner Herzogs Film scheint sowohl in fast jeder Geschichte der *Ausgewanderten* als auch in Austerlitz wiederzukehren: die bereits oben erwähnte Karawane.[96] Bei Herzog ist es die unvollendete Geschichte, die Kaspar Hauser der Welt als Vermächtnis an seinem Totenbett vererbt – eine Episode der Filmhandlung, die nicht historisch ist, sondern aus Herzogs eigener Feder stammt. Sebald selbst nimmt die intradiegetische Episode Herzogs in *Ambros Adelwarth* wieder auf:[97] diesmal ist das vollkommen unmarkierte Filmzitat ein Traum des Titelprotagonisten Ambros während der Reise durch Palästina. Wie bei Werner Herzog werden Cosmo und Ambros in diesem Traum von einem blinden Führer geführt.[98] Hier kommt die Karawane allerdings zum ersten Mal an – in *er-Riha* (ein anderes Wort für das biblische Jericho). Der mythische Ort entpuppt sich jedoch zunächst als „dreckiges Dorf"[99] voller Missgebildeter. Erst nach einiger Zeit gelangen sie in ein paradiesartiges anderes Jericho, zu dem es heißt: „Mit allem sind die Menschen hier versorgt."[100] Im Anschluss an diesen Traum werden sich Cosmo und Ambros selbst als Karawane durch die Wüste begeben, auf den Spuren des Traums anscheinend.

Den Fortgang der Karawanen-Geschichte, für den Kaspar Hauser und auch Werner Herzog (wie er im Audiokommentar zugibt) keine Ideen hatten, dichtet Sebald fort und lässt die Karawane endlich ankommen – in der Figuration einer paradiesischen Glückseligkeit. Am Ende bleiben der Fort-

---

96 Vgl. Carol Jacobs: Was heißt zählen? W.G. Sebalds *Die Ausgewanderten*. In: Eva Horn; Bettine Menke; Christoph Menke: Literatur als Philosophie – Philosophie als Literatur. München 2006. S. 186.
97 Vgl. Die Ausgewanderten S. 210ff.
98 Vgl. ebd. S. 210.
99 Ebd.
100 Ebd. S.211.

gang der Geschichte und die Ankunft der mythischen Karawane im Paradies allerdings Traum und unerreichbares Ideal.
Das Karawanenmotiv in Sebalds Texten lässt sich jedoch nicht auf ein, auf Herzog zurückgehendes Bild kürzen. Es ist vielmehr eine der zahlreichen vom Autor gesuchten und gefundenen Koinzidenzien, denn auch bei *Dr. Mabuse, der Spieler* (1922) kommt eine Karawane vor. Beide Filmzitate wurden u.a. auch wegen dieses Zufalls ausgewählt.
Wenn die Karawane allein in der (geträumten) Transzendenz enden kann, wo – sprich in welchem Medium, welcher erzählten Welt – nimmt diese Karawane ihren Anfang? Aber diese Frage ist schon der erste Schritt, sich im berühmten sebaldschen Labyrinth zu verirren, denn die Karawane ist freilich ein Motiv ohne Anfang und eigentliches Ende, ein Bild des Transitorischen.
Es bleibt also hinter dem Motiv der Karawane ein explizit sebaldsches zu vermuten, statt eines, das auf einen bestimmten Referenztext verweist. Mehr ein universelles Bild, das sich nicht nur durch fast alle seine Texte zieht, sondern auch durch viele Artefakte unserer westlichen Kultur, die der Autor selbst in seinen Text eingearbeitet hat.

4.1.2. Im Spiegelkabinett des Dr. Mabuse

4.1.2.1. Kino und Wahnsinn

Die Karawane zieht offenbar weiter, von einer Geschichte der *Ausgewanderten* zur nächsten und in ihrem Kontext ist fast immer ein Filmzitat zu finden. Doch das ist nicht die einzige, wichtige Gemeinsamkeit: Genau wie im Falle des Kaspar-Hauser-Zitats bei *Dr. Henry Selwyn* wird auch in der Erzählung *Ambros Adelwarth* eine explizite Kinoerfahrung beschrieben. Diesmal ist es nicht der Ich-Erzähler, sondern eine der Nebenfiguren, die in einem New Yorker Kino einen „deutschen Film über einen Spieler"[101] sieht, der einschneidende Folgen auf den ohnehin labilen psychischen Zustand der Figur hat. Erneut wird der Name des Films nicht zitiert, aber aus den genannten Details, der Erwähnung des Hypnotiseurs und der geschilderten Szene ist für jeden, der sich ein wenig mit Filmgeschichte beschäftigt hat, eindeutig Fritz Langs *Dr. Mabuse, der Spieler* (1921-22) zu identifizieren.

Der Filmrezipient dieser Erzählung ist Cosmo Solomon, ein Sprössling einer reichen jüdisch-amerikanischen Bankiersfamilie, der sich selbst vor dem Ersten Weltkrieg in europäischen Kasinos als Spieler vergnügt. In seiner Begleitung ist immer die titelgebende Figur Ambros Adelwarth als distinguierter, weltmännischer Diener und – so wird angedeutet – heimlicher Geliebter des schutzbefohlenen Cosmo.

Schon der Ausbruch des Ersten Weltkriegs hat eine merkwürdige Wirkung auf den nach Amerika zurückgekehrten Lebemann: Cosmo isoliert sich von seinem Freundeskreis und vom restlichen Gesellschaftsleben in den hohen amerikanischen Gesellschaftskreisen. Dieser Rückzug steht im Zeichen einer starken Depression sowie ernsthafter, weitreichender psychischer Probleme, die in einem geradezu übersinnlichen Zusammenhang mit dem entfernt tobenden Grauen des Krieges geschildert werden.[102]

Erst nach dem Ende des Weltkriegs bessert sich Cosmos Zustand; weitere Reisevorhaben, die ihn zusammen mit Ambros nach Nordafrika bringen, lassen ihn jedoch nicht an die Vergangenheit anknüpfen. Im Anschluss daran erfolgt das Kinoerlebnis, von dem Cosmo sich nicht mehr erholen wird:

---

101 Die Ausgewanderten S.141.
102 Vgl. ebd. S.138f.

Der Ausbruch der zweiten schweren Nervenkrise Cosmos stand anscheinend in Verbindung mit einem deutschen Film über einen Spieler, der damals in New York gezeigt wurde und den Cosmo als ein Labyrinth bezeichnete, in dem er gefangen und durch Spiegelverkehrungen verrückt gemacht werden sollte.[103]

Speziell eine besondere Sequenz des Films wird durch Cosmo erwähnt (bzw. durch die Tante Fini, die das ganze schildert) und erneut gibt der Erzähler eine Beschreibung der Filmbilder, die Cosmo Solomon so verstört haben. Es ist die Massenhypnose des als Sandor Weltmann verkleideten Verbrechers Dr. Mabuse, die im Saal vor großem Publikum eine Karawane erscheinen lässt, welche ihren Weg von der Bühne ins Publikum kurz fortsetzt und plötzlich verschwindet.
„Das furchtbare sei, so habe Cosmo hinfort behauptet, dass er mit der Karawane den Saal verlassen habe und jetzt nicht mehr sagen könne, wo er sich befinde."[104] Später im Text verschwindet Cosmo tatsächlich und wird erst wieder in seinem vormaligen Kinderzimmer gefunden, wo er nach einem ominösen Bruder sehen wollte, den es so nie gegeben hat.
In der Literatur wird gerade die letzte Episode um den geheimnisvollen Bruder und Doppelgänger oft in Zusammenhang mit Nabokovs Chronophobiker aus dessen Autobiografie *Speak, Memory* gesetzt.[105] In der Autobiografie wird gleich zu Anfang die Sichtung eines Familienfilms zum

---

103 Ebd. S.141.
104 Ebd.
105 Vgl. Andrea Gnam: Fotografie und Film in W.G. Sebalds Erzählung Ambros Adelwarth und seinem Roman Austerlitz. In: Sigurd Martin; Ingo Wintermeyer (Hrsg.): Verschiebebahnhöfe der Erinnerung. Zum Werk W.G. Sebalds. Würzburg 2007. S.33. Allerdings ist Gnam in ihrer eigenen Filmrezeption nachlässig: Sandor Weltmann ist bei Fritz Lang tatsächlich einarmig und nicht der Ehemann der Gräfin, sondern der Staatsanwalt Wenk ist Opfer des Hypnoseanschlags gegen Ende des Films.

Auslöser für das panikartige Unbehagen des Chronophobikers vor der Zeit, in der er noch nicht gelebt hat.[106] Zudem finden Cosmos überreizte, jugendliche Allmachtsphantasien (besonders auch in Bezug auf seine Fähigkeiten als Glücksspieler, die tatsächlich als außergewöhnlich beschrieben werden) in der Titelfigur des Dr. Mabuse einen finsteren Doppelgänger, ein verzerrtes, narzisstisches Spiegelbild, das für ihn zur Bedrohung wird[107]. Über das Motiv des Doppelgängers in Bezug auf Film äußert Sebald sich auch in seinem bereits zitierten Essay *Kafka im Kino*: allein die fotografische Reproduktion eines Menschen bannt ja bereits eine Kopie, einen geisterhaften Doppelgänger in Zelluloid.[108] Auf die Zwillings- und Doppelgängermotive bei Sebald wird in 4.2.1. noch ausführlicher eingegangen werden. In *Kafka im Kino* spricht Sebald außerdem von der Vorliebe der frühen Kinofilme nicht nur für Geister- und Doppelgängermotive, sondern auch für Persönlichkeitsspaltung und psychische Dysfunktionen.[109]

Die Verbindung von Kinorezeption und Ausbruch einer Psychose ist ein alter Topos, denn schon früh hat sich die psychoanalytische Filmforschung auseinandergesetzt mit der Wirkung des Kinos auf die Psyche und der Eventualität, Neurosen und Psychosen zu fördern.[110]

Im Text scheint die Kinoerfahrung Dissoziation, Entgrenzung des Ichs und sogar eine Art schizophrene Spaltung des Ichs (in Cosmo und seinen Bruder) zufolge zu haben. Ähnliche Formen der psychischen Reaktion auf das Kino werden auch in dem bereits oben zitierten Aufsatz von Monika

---

106 Vgl. Vladimir Nabokov: Erinnerung, sprich. Wiedersehen mit einer Autobiographie. In: (Ders.) Gesammelte Werke. Hrsg. von Dieter E. Zimmer. Reinbek bei Hamburg 1991.
107 Bonn S.174.
108 Vgl. Campo Santo 2003. S.200.
109 Vgl. ebd. S.201f.
110 Vgl. dazu Mechthild Zeul: Bilder des Unbewussten. Zur Geschichte der psychoanalytischen Filmtheorie. In: Psyche. Jahrgang 48. (1994). S. 975–1003.

Schmitz-Emans erwähnt, besonders die Verdoppelung oder Entgrenzung des Ichs und die Verschmelzung des eigenen Ichs mit der Filmwelt – Cosmo glaubt, mit der Karawane den Saal verlassen haben. Demnach könnte man in Cosmos Reaktion auf den Film weit verbreitete literarische Topoi der Kinorezeption wiedererkennen.[111]

4.1.2.2. Kino und Hypnose

Die aufgestellten Thesen bezüglich Kinorezeption und Geisteszustand bekräftigen sich durch einen näheren Blick auf den zitierten Film, denn die Textstelle zitiert gerade einen der beiden frühen Filme der Geschichte, die Psychoanalyse, Hypnose und vor allem Filmrezeption zum fast expliziten Gegenstand haben.[112]
Dr. Mabuse, der Spieler handelt von einem sinistren Psychoanalytiker, der mithilfe der Hypnose eine Verbrecherorganisation führt. Die geschilderten Verbrechen werden oft nur aus Genuss an der Sache begangen, zum Zeitvertreib ihres kongenialen Masterminds. Hier zeigt sich die Spielernatur Mabuses – er spielt in illegalen Glücksspielsalons `17 und 4´ genauso wie mit der Ökonomie eines ganzen Landes oder mit Menschenschicksalen. Nicht nur die Fähigkeit, sich in unterschiedliche Rollen des städtischen gesellschaftlichen Lebens zu versetzen, sondern auch seine bürgerliche Stellung als Psychoanalytiker verleihen ihm die Möglichkeit und die Position, sein Verbrechersyndikat aufzubauen und zu führen. Immer wieder steht dabei die halb magische, pseudowissenschaftliche Fähigkeit der Hypnose im Mittelpunkt seiner kriminellen Handlungen – sie lässt ihn Menschenmassen anstacheln, Personen zu ihnen wesensfremden Lastern verführen etc.

---

111 Vgl. Schmitz-Emans 2008.
112 Der andere Film ist *Das Cabinet des Dr. Caligari* (1920).

In seinem gnadenlos modernen und modernistischen Zeitkolorit und seinen spezialeffektgeladenen, sogartigen Bildern hatte der Film einschlagende Wirkung bei seinen Zeitgenossen – Cosmos eigene Reaktion steht also in einem historischen Kontext allgemeiner Verunsicherung hinsichtlich des ersten Dr. Mabuse Films.[113] Andererseits ist es auch nicht irgendeine Stelle des Films, die in *Ambros Adelwarth* zitiert wird, sondern eine, die fast explizit auf die Medienwirkung des Films eingeht. Das Publikum, vor dem Sandor Weltmann alias Dr. Mabuse seine Hypnose-Show veranstaltet, sitzt in einer Art Theatersaal vor einem Vorhang. Als dieser sich zur Seite bewegt, beginnen die hypnotischen Bilder. Sandor Weltmann steht während der Vorstellung an der Seite, wie der Vorführer eines alten Kinotopps, der die damals noch vollkommen stummen Bilder mit der Stimme erläuterte.[114] Fritz Lang spielt in dieser Massenhypnose-Sequenz eindeutig auf das Dispositiv des frühen Kinos an, was diese Filmtextstelle zu einer der wahrscheinlich ersten selbstreflexiven Sequenzen der Filmgeschichte macht. Dazu muss noch erläutert werden, dass in der frühen Phase der Filmgeschichte die Wirkung des Kinos mit derjenigen der Hypnose ernsthaft verglichen wurde.[115] Manche Debatten beschäftigten sich tatsächlich mit der Frage, ob die Suggestivkraft des Films Verbrechen auslösen könne.[116] Der Film *Dr. Mabuse, der Spieler* ist wie eine provokante Antwort auf diesen zeitgenössischen Vorwurf.

Zurück zum Text *Die Ausgewanderten*: Ist Cosmo also ein Somnambuler, ein Opfer der filmischen Hypnose, welche ihn in den Wahnsinn treibt? Auf jeden Fall spielt seine Reaktion auf den Vorwurf an, den sich das Kino seit seinen frühen Tagen gefallen lassen musste: Eine hypnotische, eine be–

---

113 Vgl. Bonn 2007. S.173.
114 Vgl. Stefan Andriopoulos: Besessene Körper: Hypnose, Körperschaften und die Erfindung des Kinos. München 2000. S.118f.
115 Vgl ebd. S. 119ff.
116 Vielleicht entfernt vergleichbar mit der heutigen so gen. Killerspieldebatte – interessant sind die ewigen Wiederholungen in der Mediengeschichte.

einflussende Wirkung auf die Psyche der Menschen zu haben. Dass dafür gerade *Dr. Mabuse, der Spieler* zitiert wird, zeigt eine deutliche Kenntnis des Kontextes, in dem der Film entstanden ist. Damit kann die Textstelle auch als medien-kritische Anspielung gelesen werden, die auf die hypnotische Gefahr der Bilder für die Rezipienten, für den Einzelnen, aber auch für die Massen hinweist.

Es gibt einen zweiten großen Film der frühen Filmgeschichte, der sich mit Hypnose auseinandersetzt: *Das Cabinet des Dr. Caligari* (1920) – dieser wird jedoch mit keinem Wort in *Die Ausgewanderten* erwähnt. Nichtsdestotrotz scheint der Film seinen Eindruck hinterlassen zu haben; besonders Cosmos und auch Ambros Adelwarths klägliches Ende in der Psychiatrie mag auf *Caligari* anspielen, der gerade seine Spannung durch die Rahmenhandlung in der Nervenheilanstalt gewinnt, zumindest greift es einen ähnlichen Motivkomplex auf (wobei auch *Der Spieler* in der Nervenheilanstalt endet). Beide Filme finden im zeitgenössischen Tyrannenkabinett Siegfried Kracauers platz; *Caligari* ist sogar der Ausgangspunkt seiner These einer filmischen Vorahnung der Nazizeit.[117] Wenn nun Cosmo schon in der Gegenwart des (physisch entfernten) Ersten Weltkriegs als eine Art empathisches Medium gewirkt hat, könnte er bei der Filmrezeption Dr. Mabuses ähnliche Ahnungen hinsichtlich der Zukunft haben, sprich den zweiten Krieg und seine katastrophalen humanitären Folgen in diesem Film vorhersehen. Ist es also eine durch die Kontinuitätsthese gespeiste Vorahnung, die Cosmo den Verstand raubt? Schließlich ist gerade die suggestive Massenwirkung der Nazis und ihres Führers ein wichtiger Baustein ihres Erfolges gewesen.

In Bezug auf die intermedialen Überlegungen, die bereits an verschiedenen Textstellen in Kapitel 3 weiter oben herausgearbeitet wurden, muss festgehalten werden: medienreflexiv kann die Dr. Mabuse-Textstelle als

---

117 Vgl. Siegfried Kracauer: Von Caligari zu Hitler: eine psychologische Geschichte des deutschen Films. In: (Ders.): Schriften. Frankfurt a. M. 1979.

Spurensuche in der Welt der Irrealität gelesen werden. Als Suche nach Spuren der Zerstörung. Allerdings nicht, wie im Falle von Austerlitz, in Bezug auf die Vergangenheit, sondern in Bezug auf die Zukunft des Zweiten Weltkriegs. Dabei wird dem Medium Film hier keinerlei kathartische Fähigkeit zugeschrieben, im Gegenteil, Cosmos Weg in die Psychose unterstellt dem Film eine gefährliche, hypnotische Wirkung auf die Rezipienten des Mediums.

4.1.2.3. Die Karawane als Motiv der Durchlässigkeit

Am Ende ist erneut das Erscheinen des Karawanenmotivs zu verbuchen, mit dem Cosmo den Saal verlassen hat. Die Karawane, die aus Herzogs Film in die Ausgewanderten trat, nimmt nun eine Figur aus der dritten Geschichte mit hinein in den Film *Dr. Mabuse*, zumindest aber in einen schwer definierbaren Raum außerhalb von *Ambros Adelwarth*. Es ist ein Spiel unterschiedlicher Intertextualitäts- und Intermedialitätsrelationen: Primärtext (*Die Ausgewanderten*) und Referenztexte (*Dr. Mabuse/ Kaspar Hauser*) scheinen wie gleichberechtigte fiktionale Welten, die von einer durchlässigen Membran getrennt sind, durch die ein Motiv wie die Karawane ziehen, ja sogar eine Figur von der einen in die andere Welt mitnehmen kann. Offenbar findet sich in diesem Bild der Durchlässigkeit zwischen den Texten eine Art Schlüssel für die Analyse vieler intermedialer bzw. intertextueller Verknüpfungen in W.G. Sebalds Texten. Haupttext und Referenztext stehen hier tatsächlich auf gleicher Höhe zueinander, das verwobene Zitat, die Anspielung auf den Referenztext ist viel mehr als nur die Verneigung vor dem Original. Es ist eine Korrespondenz, eine sich fortsetzende Kommunikation, die über eine dritte, sehr wichtige Instanz natürlich erst ins Rollen kommt: den Leser. Wie bei der oben zitierten Textstelle in der letzten Geschichte aus *Die Ausgewanderten*, *Max Aurach*, wo das

Motiv der Karawane aus einem Fresko direkt auf den Betrachter/ Rezipienten zulaufen zu scheint (was eine erstaunliche Korrespondenz zum Filmzitat *Dr. Mabuse* bildet) wird immer wieder auf den Leser selbst hingewiesen.[118] Die Karawane scheint sich auf den Leser zu zu bewegen und wie Cosmo Solomon soll er von ihr mitgenommen werden. Zumindest ist er dazu aufgefordert, dem Lauf der Karawane durch die Medien zu folgen, sprich den Referenztext zu rezipieren oder Erinnerungen an denselben zu reaktivieren. Die durch gezielt eingesetzte Intertextualität erreichte Durchlässigkeit – beschrieben anhand der Karawane – setzt weitere Lesebewegungen in Gang. Teils durch Erinnerung, Wissen oder Assoziation wird der Leser frei nach Novalis zum erweiterten Autor.[119] Die Beweglichkeit der Karawane zwischen Text und Referenztext, zwischen *Die Ausgewanderten, Kaspar Hauser* und *Dr. Mabuse* wird zum Bild für die Beweglichkeit des Textes selbst. Wieweit sich diese Beweglichkeit fortsetzt und inwieweit ein ähnliches Konzept sich auch auf *Austerlitz* ausweiten lässt, bleibt im Folgenden näher zu untersuchen.

---

118 Vgl. Die Ausgewanderten S.243.
119 Vgl. Novalis: Das philosophische Werk I. In: (Ders.) Schriften. Die Werke Friedrich von Hardenbergs. Hrsg. Von Paul Kluckhorn; Richard Samuel. II. Bnd. Stuttgart 1981. S. 470. „Der wahre Leser muß der erweiterte Autor seyn."

4.2. Von Spiegeln und Doppelgängern

4.2.1. Mediale Doppelgänger

In Sebalds Essay *Kafka im Kino* heißt es:

> *Die ganze Technik der fotografischen Abbildung beruht schließlich auf dem Prinzip der vollkommen modelgetreuen Verdoppelung beziehungsweise der potentiell unendlichen Vervielfältigung. [...] Und weil das Abbild noch fortdauerte, wenn das Abgebildete längst vergangen war, so lag auch die ungute Ahnung nicht fern, dass dem Abgebildeten, den Menschen und der Natur, ein geringerer Grad von Authentizität eigne als der Kopie, dass die Kopie das Original aushöhle, wie es auch heißt, dass einer, der seinem Doppelgänger begegne,. sich selber vernichtet fühlt.*[120]

Die Verbindung von filmisch-fotografischer Reproduktion und dem Topos des Doppelgängers wurde bereits im Zusammenhang mit dem Dr. Mabuse-Zitat in *Die Ausgewanderten* angesprochen. An dieser Stelle soll darauf ausführlicher eingegangen werden.

Sebald scheint in diesem Diskurs an einen Essay von Friedrich Kittler anzuknüpfen, in dem dieser das Phänomen der Doppelgänger von der Literatur der ästhetischen Romantik bis hin zum frühen Kino verfolgt.[121] Der Doppelgänger ist dabei immer die Metapher für die mediale Reproduzierbarkeit, ob nun durch Schrift/ Literatur oder Fotografie/ Film. Kittler zeichnet eine Entwicklungslinie von der Romantik in die Moderne,

---

[120] Campo Santo 2003. S. 200f.
[121] Vgl. Friedrich Kittler: Romantik – Psychoanalyse – Film: eine Doppelgängergeschichte. In: (Ders.): Draculas Vermächtnis. Technische Schriften. Leipzig 1993. S.81-104.

in welcher schließlich die Technik das alte Bild des Doppelgängers absorbiert und von der Literatur übernimmt.

Literatur versucht gar nicht erst mehr mit der Unterhaltungsindustrie zu konkurrieren. Sie gibt ihren Zauberspiegel an Maschinen ab.[122]

In den Doppelgängergeschichten der Romantik und der ästhetischen Moderne, die Kittler und Sebald zitieren, bleibt es meist nicht bei einer simplen Begegnung des Originals mit seiner Kopie: ein tödliches Duell ist unvermeidbar. So auch in dem frühen Film *Der Student von Prag* (1913) von Stellan Rye (Drehbuch: Hanns-Heinz Ewers), den Sebald zunächst in seinem Essay mit Kafka in Verbindung setzt und dann in *Schwindel. Gefühle.* eine Filmrezeption durch die Figur des Dr. K. fiktional herstellt.[123] Im Film wird der Student Balduin verfolgt von seinem lebendig gewordenen Spiegelbild, das immer wieder seine Pläne auch hinsichtlich einer begehrten Frau zunichte macht. Am Ende richtet Balduin die Waffe auf seinen Doppelgänger und tötet damit sich selbst.

Beide, Kittler und Sebald, beziehen sich in ihrem Diskurs über Doppelgänger offenbar sowohl auf Otto Ranks *Der Doppelgänger* als auch auf Jaques Lacan. Die tödliche Auseinandersetzung zwischen den Doppelgängern, die am Ende mit dem Suizid endet, kann nach Lacan als die Jagd des `Ich´ nach dem `Anderen´ gedeutet werden.[124] Die tödliche Auseinandersetzung mit dem Doppelgänger ist ein weit bis zum Narziss-Mythos zurückführender Topos, den Otto Rank in seiner Doppelgänger-Monographie an unterschiedlichen Beispielen in der Literaturgeschichte, darunter E.T.A. Hoffmann und Oscar Wilde, belegt – als Ausgangspunkt

---

122 Ebd. S.91.
123 Vgl. Campo Santo 2003. S.201. und Sebald, W.G.: Schwindel. Gefühle. Frankfurt a. M. 2005. S.166f.
124 Vgl. Gerda Pagel: Lacan zur Einführung. Hamburg 1989. S.31.

allerdings dient ihm der zeitgenössische Stummfilm, der in *Kafka im Kino* und *Schwindel. Gefühle.* zitiert wird.[125]
Von Zwillingsmotiven und Doppelgängern ist auch Sebalds letzter großer Text *Austerlitz* durchzogen. Häufig sind es Imaginationen des Protagonisten, über einen Zwillingsbruder zu verfügen, der mit dem gewaltsamen Austritt aus seiner Prager Kindheit stirbt.[126] Der Doppelgänger ist Verkörperung des früheren Selbst wie auch des Traumas. Auch diese Auseinandersetzung endet mit dem Tod einer der beiden Beteiligten.

4.2.2. Siegfried in Zion

Über den psychischen und medialen Aspekt hinaus gewinnt das Zwillings- bzw. Doppelgängermotiv bei *Austerlitz* auch eine politische Komponente, wenn das erste markierte Filmzitat dieses Textes hinzugezogen wird:

Austerlitz [war] *ein [...] beinahe jugendlich wirkender Mann mit blondem, seltsam gewelltem Haar, wie ich es sonst nur gesehen habe an dem deutschen Helden Siegfried in Langs Nibelungenfilm.*[127]

Der Hauptcharakter selbst wird nach seinem visuellen Erscheinungsbild aus dem ersten Teil des zweiteiligen Film-Epos *Die Nibelungen* mit dem Titel *Siegfried* evoziert.
Die Engführung von Austerlitz mit dem Nibelungenhelden aus dem Film von 1924 deutet Klaus Bonn als einen ironischen Gegensatz[128]: Anstelle eines individuellen Schicksals kann Siegfried der Vorsehung nicht ent-

---

125 Vgl. Otto Rank: Der Doppelgänger: eine psychoanalytische Studie (1925). Wien 1993.
126 Siehe Austerlitz S.324f.
127 Ebd. S. 14.
128 Vgl. Bonn 2007. S.175.

kommen – Austerlitz ist auf der Suche nach eben dem Schicksal, das sein ganzes Leben unterschwellig geprägt hat. McCulloh, den Klaus Bonn dazu zitiert, sieht in dem Siegfried-Vergleich eine ironisch motivierte Ähnlichkeitssetzung.[129] Den von den Nazis verehrten, deutschen Wagnerhelden mit einem lebenslang durch die Machenschaften der Nazis traumatisierten Opfer zu vergleichen, kann nur bitter-ironisch gelesen werden. Vor allem wenn man Textpassagen aus Sebalds Essays zu Rate zieht, in denen er sich zu Fritz Lang/ Thea von Harbous Filmen äußert. Besonders in *Luftkrieg und Literatur* kritisiert er die Drehbücher Thea von Harbous als „grandios trivial"[130]. Die Verwandlungskunst des verbrecherischen Dr. Mabuse in *Der Spieler* wird dort auf Xenophobie und latenten Antisemitismus zurückgeführt.[131] So handele es sich auch im zweiten Teil des Nibelungenfilms (*Kriemhilds Rache*) in seiner brachialen Opfer- und Vernichtungspoesie um eine „Vorwegnahme der faschistischen Endkampfrhetorik"[132]. Obwohl Fritz Lang bekanntlich nach der Machtergreifung der Nazis 1933 Deutschland verließ,[133] ist der Vorwurf, seine Filme seien nicht frei von rechtsextremer Ideologie nicht ganz von der Hand zu weisen. So war für einen Zeitgenossen schon im Kinoplakat zu *Siegfried* in seiner Bildikonographie des von hinten erstochenen Nationalhelden eine Anspielung auf die so genannte Dolchstoßlegende zu erkennen. Besonders dem Einfluss seiner Ehefrau und Drehbuchautorin Thea von Harbou, die unter den Nazis noch viele Filme machte, ist diese Tatsache sicherlich geschuldet. Zudem galt der Nibelungenfilm – besonders der erste Teil *Siegfried* – als ein Lieblingsfilm Adolf Hitlers.[134]

---

129 Vgl. ebd. Fußnote 29.
130 W.G Sebald: Luftkrieg und Literatur – Mit einem Essay zu Alfred Andersch. Regensburg 1999. S.66.
131 Vgl. ebd. S.117f.
132 Ebd. S.112.
133 Vgl. Michael Töteberg: Fritz Lang. Reinbek bei Hamburg 2005. S.78.
134 Vgl. ebd. S.48.

Nichtsdestoweniger ist der Vergleich mit Siegfried nicht nur auf eine gegensätzliche Schicksalskonstellation und auf die bittere Ironie Sebalds zurückzuführen, sondern scheint Teil einer durch Sebald proklamierten kulturgenetischen Ähnlichkeitsbeziehung zu sein – eine Art Steckenpferd, das Sebald auch in anderen Texten reitet. Mit der Erwähnung des Reichsparteitagsfilm *Triumph des Willens* (1935) wird Sebald genauer. Die Deutschen, heißt es in *Austerlitz*, kommen dort aus einer Stadt aus weißen Zelten „als folgten sie einem höheren Ruf und seien, nach langen Jahren in der Wüste, nun endlich auf dem Weg ins Gelobte Land."[135] Damit rückt der Text tatsächlich die Opfermystik und das Auserwähltheitspathos der Nazis in eine Reihe mit ähnlichen Strukturen, die für das Judentum charakteristisch sind. Diesen gewagten Vergleich, der Ähnlichkeitsbeziehungen zwischen zwei in der Ideologie des Nationalsozialismus zu Antipoden erklärten Kulturen propagiert, erläutert Sebald genauer, wiederum in *Kafka im Kino*. Die Rede dort ist von einer „deutsch-jüdischen Symbiose":[136]

In dem Selbstbild, das sie von sich projizieren, gleichen die beiden aus langer Unterdrückung beziehungsweise aus vermeintlicher Hintansetzung erwachenden Völker einander beinahe zum Verwechseln, auch wenn die Maßstäbe und Ambitionen verschieden sind.[137]

Wenn der Begründer des Zionismus, Theodor Herzl, sich ein Zion vorstellt, in dem Deutsch gesprochen würde und Hitler in einem seiner Tischgespräche feststellt, dass es zwei auserwählte Völker nicht geben dürfe[138], dann baut Sebald eine Art Spiegel- oder Zwillingsmotivik auf. Führt man die Doppelgänger-Metapher bis an ihr Ende, erklärt sich darin auch der

---

135 Austerlitz S.248.
136 Campo Santo 2003. S.206.
137 Ebd. S.205.
138 Vgl. ebd. S.206.

überaus tödliche und schreckliche Ausgang, den diese Zwillingspaarung genommen hat.

Der Siegfried-Vergleich, genauso wie der beschriebene Ausschnitt aus dem Reichsparteitagsfilm scheinen tatsächlich in *Austerlitz* das beschriebene Ähnlichkeitsverhältnis zwischen Deutschen und Juden exemplarisch zu veranschaulichen. Das Selbstverständnis der einen Kultur mag auf mysteriöse Weise das Selbstverständnis der anderen spiegeln. Um dieses postulierte Ähnlichkeitsverhältnis herauszustreichen, bedient sich Sebald nicht nur in *Austerlitz*, sondern auch bei *Kafka im Kino* des Films als Referenzmittel. Die Ästhetisierung im Film offenbart die enge aber unbewusste Verwandtschaft beider Kulturen. In der Irrealität des Films legen die Texte Sebalds unbewusste Strukturen offen, welche der Wahrheit näher kommen als manche Klischees der Realität. In Kapitel 3 war die Rede von den Phantomspuren, nach denen der Protagonist sucht – es ist nicht nur eine Spurensuche des Hauptcharakters, sondern auch des Textes selber. Diese Spurensuche erfolgt anhand unterschiedlicher kultureller Strukturen und Systeme, auch anhand des Films. Dabei darf die in der psychoanalytischen Filmtheorie oft postulierte Verwandtschaft des Films mit dem Traum bzw. dem Unbewussten nicht vergessen werden, der Sebald hier sicherlich folgt.

4.3. Spurensuche in der Architektur des Traumas: Die Filme von Alain Resnais

4.3.1. Zwei Autoren: W.G. Sebald und Alain Resnais

Im Gesamtspiegel der Filmzitate fällt nicht nur die Häufung auf, mit denen Sebald Filme von Alain Resnais zitiert (zwei bis drei Referenztexte in *Austerlitz*), sondern die Wertigkeit dieser intertextuellen Verweise bzw. Textstellen, an denen das geschieht. Oft begleiten diese Zitate ganze Diskursketten (*Toute la mémoire du monde*) oder sind Schlüsselverweise für Schlüsselszenen (*L'année dernière à Marienbad*). Unterstrichen wird diese hohe Relevanz besonders dadurch, dass Resnais einer der zwei Filmautoren ist (der andere ist Fritz Lang), den Sebald namentlich erwähnt.[139] Eine beachtliche Anerkennung für den Filmemacher, die auf Vieles schließen lässt und eine ausführlichere Einleitung an dieser Stelle legitimiert.
Die Schaffensphase Alain Resnais´ begann mit den späten 40er Jahren, also direkt in einer Zeit, die durch die schrecklichen Katastrophen des Zweiten Weltkriegs geprägt war und besonders durch den Mantel des Schweigens, der auch in Frankreich und in der gesamten westlichen Welt darüber gedeckt wurde.[140] Um sich aber gerade diesen verdrängten Ereignissen, Holocaust und Hiroshima-Nagasaki, in geeigneter Form widmen zu können, bediente sich Resnais neuer filmischer Stil- und Erzählmittel, was ihn zu einem Vorreiter des neuen französischen Films der Fünfzigerjahre machte.[141]
Die Filme Alain Resnais´, die dokumentarischen, wie die hauptsächlich fiktionalen, sind dabei stark geprägt von der literarischen Tradition des Es-

---

139 Vgl. Austerlitz S.372.
140 Vgl. Marcus Stigleger: Gedächtnis-Skulpturen. Alain Resnais. In: Norbert Grob; Bernd Kiefer; Thomas Klein; ders.: Nouvelle Vague. Mainz 2006. S.173.
141 Vgl. ebd.

say, wobei Text, Bild und Ton in einem fast gleichberechtigten, oft medienkritischen und selbstreflexiven Verhältnis miteinander korrespondieren.[142] Eine fragmentarische und unchronologische Erzählweise unter Verwendung von dokumentarischem und inszeniertem Filmmaterial bei unterstrichener Subjektivität schien dabei weit angemessener, um der erschütternden Tragweite der Kriegsgeschehnisse gerecht zu werden, als jede traditionelle Erzählstruktur. Filme wie *Nuit et brouillard, Toute la mémoire du monde, Hiroshima mon amour* sowie *L'année dernière à Marienbad* entstanden dazu unter Zusammenarbeit mit bedeutenden Schriftstellern und Intellektuellen der Zeit, wie Marguerite Duras und Alain Robbe-Grillet sowie Überlebenden der eigentlichen Ereignisse wie Jean Cayrol.[143]
Neben der schweren Thematik der Zerstörung und Verfolgung im Zweiten Weltkrieg handeln Resnais´ Filme immer aber auch von den nachwirkenden Folgen wie Trauma und Verdrängung oder der Frage nach Erinnerung – der individuellen Erinnerungsfähigkeit mit ihrem schwierigen Wechselspiel aus Erinnern und Vergessen wie auch vom so genannten kollektiven Gedächtnis.
Sowohl hinsichtlich der formalen Herangehensweise als auch in der Wahl seiner Themen ist demnach eine große Schnittmenge zwischen Alain Resnais und W.G. Sebald festzustellen. Setzt man voraus, dass viele Filmzitate auch Teil einer übergeordneten Spurensuche in der Irrealität sind und diese sich ja bekanntlich besonders in Familienähnlichkeiten ausprägt, dann scheinen die Arbeiten Alain Resnais eben gerade jene Verwandtschaft stark aufzuweisen.
Inwieweit die Werke des Filmautors als bedeutende Referenztexte für *Austerlitz* gelesen werden können und Alain Resnais als eine Art künstlerischer Vorfahr begriffen werden mag, soll im Folgenden untersucht werden.

---

142 Vgl. ebd.
143 Vgl. ebd. S.174.

4.3.2. Festung des Wissens

Ausführliche Architekturbeschreibungen und Fotografien unterschiedlichster Bauwerke sind ein bedeutender Bestandteil der erzählerischen Konzeption in *Austerlitz*. Es ist nicht nur die architekturhistorische Profession der Hauptfigur, die ein weit gefächertes Wissen vor Ich-Erzähler und Leser entbreitet, sondern vor allem die bereits oben angesprochene Suche nach Schmerzensspuren, die Austerlitz nach so genannten Familienähnlichkeiten zwischen den Monumentalbauten des 19. Jahrhunderts – wie Gerichtshöfen, Gefängnissen, Bahnhöfen etc. – Ausschau halten lässt.[144] Diese Suche bei gleichzeitiger Akkumulation von Wissensbeständen kann als eine unbewusste Reaktion auf Verdrängung und Trauma gelesen werden. Denn die Leere der durch das Trauma verdrängten Erinnerung füllt Austerlitz durch die Anhäufung von kompensatorischem Wissen.[145] Unter allen unterschiedlichen Bauwerken ist aber das Konzept der Festung hervorzuheben, das sich an vielen Stellen im Text wiederholt, so bei Breendonk und auch Theresienstadt. Die Figuration der Festung wird nicht nur zum Bild auf den Spuren der kritischen Philosophie, die nach Horkheimer und Adorno in einer unkritischen, radikal durchgeführten Rationalität einen Grund sieht für die Grausamkeiten des Zweiten Weltkriegs.[146] Sie ist auch nach Freud eine Metapher für die Entwicklung des traumatisierten Subjekts. Als Austerlitz über das Schema der Sternfestung doziert, das sich im Laufe des 19. Jahrhunderts nach und nach als überholt herausstellt, spricht er auch (unbewusst) von der Wirkung eines Traumas auf die menschliche Psyche:

---

144 Vgl. Austerlitz S.52.
145 Vgl. Fuchs 2004. S.46f.
146 Vgl. Max Horkheimer; Theodor W. Adorno: Dialektik der Aufklärung: Philosophische Fragmente. Frankfurt a. Main 1986.

[...]denn fixiert, wie man auf dieses Schema war, habe man außer acht gelassen, dass die größten Festungen gemäß auch die größte Feindesmacht anziehen, dass man sich, in eben dem Maß, in dem man sich verschanzt, tiefer und tiefer in die Defensive begibt[...][147]

Austerlitz' eigene Wissensakkumulation ist dabei ebenfalls zu vergleichen mit dem Errichten eines Bollwerks – die Hauptfigur von Sebalds Text selber ist demnach als eine Art Festung des Wissens zu bezeichnen.[148] Die Verschränkung von Wissen, Fortifikation und Trauma setzt sich im letzten Drittel von Austerlitz fort, wenn das vollständig markierte Zitat des Resnais Films *Toute la mémoire du monde* aufkommt. Der Dokumentarfilm über die alte französische Nationalbibliothek, die zu ihrer Zeit die modernste ihrer Art war, entstand 1956. Im Text erfolgt das Zitat im Zuge der Erinnerung Austerlitz' an seine Studienjahre in Paris, während der er lange Zeit eben in dieser Bibliothek zubrachte. Außerdem ist die Nationalbibliothek der Ort der ersten Begegnung mit Marie de Verneuil – eine Begebenheit, die der Text quasi nachreicht und die in der erzählten Zeit zurückweist auf ein anderes, diesmal unmarkiertes Zitat eines weiteren Resnais-Films: der Aufenthalt von Austerlitz und seiner Freundin in Marienbad (dazu unten mehr).
Die Bibliothek ist also ein für die Biografie der Hauptfigur einschneidender Ort und der Dokumentarfilm von Resnais hat Austerlitz' Erinnerung an diesen Ort und diese Zeit entscheidend mitgeprägt:

---

147 Austerlitz S.27.
148 Zu Festungsfiguration und Trauma vgl. Bettina Mosbach: Figurationen der Katastrophe. Ästhetische Verfahren in W.G. Sebalds *Die Ringe des Saturn* und *Austerlitz*. Bielefeld 2008. S.238ff.

Ich glaube, dass dieser von mir nur ein einziges Mal gesehene, in meiner Vorstellung aber immer fantastischer gewordene Film[...][149]

Es ist die (vielleicht fehlerhafte) Erinnerung an einen Film, die Teil auch der persönlichen Erinnerung an die alte Nationalbibliothek geworden ist. Film ist eben auch Part der Gedächtnisreferenzen, die unsere Kultur und unser individuelles Leben durchziehen.
Der Dokumentarfilm *Toute la mémoire du monde* ist mit persönlichen Erinnerungen seiner Hauptfigur genauso verknüpft wie mit einer ganzen Kette von Diskursen, die sich mit der Verarbeitung von Wissen, kollektivem Gedächtnis und kollektiver Verdrängung beschäftigt und an die Themen des Textes anschließt. *Toute la mémoire du monde* zeigt die Architektur und den Apparat der Bibliothek als verschachtelte, labyrinthische und fragmentierte Anordnung – laut Andrea Gnam geradezu ein visuelles Vorbild für die Raumfiguration in Austerlitz.[150] Das große Ideal, das sich schon im Titel ausdrückt, alles Wissen der Welt an einem Ort zu sammeln, zu speichern und zu schützen, wird bei Resnais kritisch dargelegt und hinterfragt. Denn die fortschreitende Akkumulation und Verwahrung des Wissens wird zunehmend zu einem Fortschließen, Wegsperren des letzteren. Tatsächlich wird in dem Resnais-Film die Bibliothek zu einer Festung und Zitadelle des Wissens, wo die Bücher fortgeschlossen sind, um die Freiheit der Menschen zu garantieren. Das Speichern und Anreichern von Wissen und Erinnerung dient nur dem Vergessen, wie bei Jaques Derrida jedem Archiv zunächst die Verdrängung vorausgeht.[151] Wie *Austerlitz* bedient sich der Dokumentarfilm des Motivs der Festung, um Probleme wie Verdrängung und Trauma zu verbildlichen.

---

149 Austerlitz S.371f.
150 Vgl. Gnam 2007. S.39.
151 Vgl. Fuchs 2004. S.45f.

Oben wurde bereits festgestellt, dass die frühen Filme Alain Resnais' sich oft die Verdrängung der traumatischen Ereignisse des Zweiten Weltkriegs widmeten: *Toute la mémoire du monde* kann als Reaktion auf die in der französischen Gesellschaft der fünfziger Jahre herrschende Verdrängung der Besatzungszeit bzw. die Verstrickung in die Verbrechen der Nazis gesehen werden. Genauso ist die Mahnung vor Verdrängung eine Aufforderung, zeitgenössische Ereignisse der Fünfziger Jahre, wie die eskalierenden Gräueltaten des Algerienkriegs, in der Öffentlichkeit zu thematisieren.[152] Die Bibliothek als Manifestation des französischen Kollektiv-Gedächtnisses, das erinnert und vergisst, findet sich bei Resnais genauso wie bei Sebald. Bei *Austerlitz* verdeutlicht sich das mit dem im Text gegebenen Hinweis, dass die *neue* Nationalbibliothek wiederum an einem Ort errichtet wurde, an dem während der Besatzungszeit das von den deportierten Juden erbeutete Gut angesammelt wurde.[153]

Austerlitz knüpft mit dem Zitat an die Diskurse des Dokumentarfilms an: Unter dem Einfluss der Erinnerung an *Toute la mémoire du monde* wird die alte französische Nationalbibliothek zu einem von Rohrpost-Nervenbahnen durchzogenen Organismus, dem auch die im Lesesaal sitzenden Forscher angehören und der „als Futter Myriaden von Wörter braucht, um seinerseits Myriaden von Wörtern hervorbringen zu können."[154] Die Fortentwicklung der Auslagerung des Gedächtnisses wird im Text mit scharfer Kritik bedacht – ganz getreu der Zivilisationsskepsis seines Autors. Zudem erscheint die Episode um die neue Nationalbibliothek wie eine Art Fortsetzung der Resnais-Dokumentation. Der Text lässt hier kein gutes Haar an der postmodernen Architektur, genauso wenig wie an dem Apparat selbst. Das Gebäude sei „in seiner ganzen äußeren Dimensionierung

---

152 Ich folge hier den Thesen Naomi Greenes: vgl. Naomi Greene: Landscapes of Loss. The National Past in Post War French Cinema. Princeton, NJ 1999. S.32ff.
153 Vgl. Austerlitz S. 407.
154 Ebd. S. 371.

und inneren Konstitution menschenabweisend [...] und den Bedürfnissen jedes wahren Lesers von vornherein kompromisslos entgegengesetzt [...]."[155] Damit setzt sich eine Entwicklung der Fortifikation fort, die sich bereits in Resnais' Film abzeichnete und die genau wie in der gleichnamigen Festungskunst, laut Sebald, beim Erreichen der absoluten Perfektion in chronischer Dysfunktion seinen Zusammenbruch erleiden muss.[156] So wird auch in der Unterhaltung mit dem Forscher und alten Bekannten aus Tagen der alten Bibliothek, Lemoine, immer wieder auf das Motiv von Bastion und Festung rekurriert.[157] Der Leser degeneriert zum von der Bibliothek auszuschließenden Feind und das Gebäude der neuen Bibliothek zur „Manifestation des immer dringender sich anmeldenden Bedürfnisses, mit all dem ein Ende zu machen, was noch ein Leben habe an der Vergangenheit."[158] Deshalb kann die neue Nationalbibliothek der Hauptfigur nicht so nützlich sein, wie Austerlitz es sich vorstellt: statt Hinweise auf seinen verschwunden Vater zu finden, wendet er sich frustriert an die Literatur Balzacs.

---

155 Ebd. S.392.
156 Vgl. ebd. S.398f.
157 Vgl. ebd. S. 404.
158 Ebd.

4.3.3. Unerlöste Erinnerung

Nachdem Austerlitz von seiner Kinderfrau Vera die ersten bezeugten Einzelheiten aus seiner vergessenen Vorvergangenheit erfahren und schließlich Terezin besucht hat, erinnert sich Vera beim Abschiednehmen von ihrem unverhofft wieder gefundenen Zögling an die letzte, Jahrzehnte zurückliegende Verabschiedung kurz vor der Verschickung gen England: Es sei Austerlitz´ Mutter Agáta gewesen, die, nachdem sie ihren Sohn in den Zug des Kindertransports gesetzt hat, Marienbad erwähnt: „Noch im vergangenen Jahr sind wir von hier aus nach Marienbad gefahren."[159] Dieser Ausspruch zitiert beinahe den Titel eines Films von Alain Resnais, *L'année dernière à Marienbad* von 1961. Diese Erwähnung setzt nun in Austerlitz eine andere Erinnerung in Gang, die er aus der eigenen Erwachsenenbiografie mit Marienbad verbindet: Eine Erinnerung an den schicksalhaften Aufenthalt mit seiner Freundin Marie de Verneuil im Jahre 1972. Die Evozierung des Liebesmotivs in Verbindung mit Marienbad lässt nicht nur an Goethes berühmte Kurorterlebnisse denken, sondern auch an Resnais´ enigmatischen Film.

Wo bei *Toute la mémoire du monde* noch eine vollständige Markierung vorlag und alle anderen oben benannten Filmzitate zumindest durch ihre mediale Kennzeichnung als Zitat zu benennen waren, liegt hier ein unmarkierter, allein durch eine Näherung an den Titel *Letztes Jahr in Marienbad* identifizierbarer Referenztext vor.[160] Der Film wird also nicht buchstäblich zitiert, aber doch absichtlich evoziert.

Dabei nehmen beide Resnais-Zitate bei näherer Untersuchung eine bedeutende Stellung in Austerlitz´ Biografie ein: in der Nationalbibliothek lernt er Marie kennen, in Marienbad verliert er sie für immer. Obwohl das Liebesmotiv in der Austerlitz-Erzählung mit zu vermutender Absicht stark

---

159 Ebd. S. 297.
160 Vgl. Bonn 2007. S.182.

an die Seite gedrängt ist, muss die Marienbaderinnerung von 1972 als einer der vielen Wendepunkte in Austerlitz' Leben gelesen werden. Heißt es doch im Text:

> *Tatsächlich bin ich nie zuvor in meinem Leben besser eingeschlafen als in dieser ersten mit Marie gemeinsam verbrachten Nacht.* [...] *und ich spürte im Einschlafen als ein leichtes Nachlassen des Druck hinter meiner Stirne den Glauben oder die Hoffnung, endlich erlöst zu sein. In Wirklichkeit ist es dann aber ganz anders gekommen.*[161]

Nur für einen kurzen Augenblick scheint die Erfüllung von Sexualität und Liebe Karthasis und Erlösung zu versprechen, dann aber schlägt es in das Gegenteil um. Ein verstörendes Unbehagen verfolgt Austerlitz den ganzen Aufenthalt in Marienbad über und lässt ihn seine einzige Liebe Marie am Ende der Episode verlieren. Das Liebesmotiv bleibt in seiner Randerscheinung unerfüllt und unerlöst, überschattet vom unbehandelten Trauma.
Von unerfüllter Liebe und Unerlöstheit handelt auch der durch Marienbad assoziierte Referenztext *L'année dernière à Marienbad*. Besonders aber sind es die Themen Erinnerung, Vergessen und Trauma sowie die Stimmung von unvollzogener Trauer, Melancholie und Verdrängung, die der Text mit dem Film teilt.
Sowohl in *Austerlitz* als auch in *Marienbad* wird der böhmische Kurort zu einer Metapher einer vergangenen, zerstörten Welt und Zeitepoche[162]: Nach der Teilung der Welt in die feindlichen Lager des so genannten Kalten Krieges, aber auch durch den enormen Fortschritt der westlichen Medizin, verlor der große europäische Kurort Marienbad seine Bedeutung

---

161 Austerlitz S. 304f.
162 Zu *Marienbad* vgl. Martin Lindwedel: Zeit und Erinnerung in L'Année dernière à Marienbad. In: Heike Brohn (hrsg. u.a.). Erinnern – Gedächtnis – Vergessen. Bonn 2007. S.319.

– die Glanzzeit der Kurbäder Europas fand sein Ende. *Letztes Jahr in Marienbad* ist eine Reminiszenz an die Vergangenheit mit seinen schwelgerischen Architekturaufnahmen, seinen eleganten Décors und mondänen Gestalten. Dabei wiederholt sich die Verbindung von Architektur und Erinnerung, die bereits in *Toute la mémoire du Monde* von Bedeutung war und die sicherlich ihren Doppelgänger in derselben Verbindung im Text *Austerlitz* hat.

Der Film *Marienbad*, vielleicht um 1930 angesiedelt (eine genaue Zeitangabe ist nicht gegeben), entfaltet eine fast traumähnliches Szenario von halberstarrten, in edle Abendanzüge gekleidete Kurgäste, die durch ein barock ausgestattetes Hotel wandeln. Russel Kilbourn weist darauf hin, dass in dieser Zeit auch viele mehr oder weniger wohlhabende europäische Juden Marienbad besuchten.[163] Deshalb mag *Letztes Jahr in Marienbad* ein wenig auch die Bebilderung für das Jahr 1938 sein, während dessen Austerlitz mit seiner Familie „drei wunderbare, beinahe selige Wochen"[164] in dem böhmischen Kurbad verbrachte. So beschwingt und selig geht es in dem Film allerdings nicht zu, in dieser Hinsicht ist er eher mit Austerlitz' zweitem Aufenthalt in dem Kurort 1972 zu vergleichen. Liebe, Erinnerung und Zurückweisung finden sich in der Marienbad-Episode des Textes, genauso wie in dem Film:

In *Marienbad* versucht der namenlose Mann X die Frau A davon zu überzeugen, dass sich tatsächlich zwischen beiden letztes Jahr eine Liebesaffäre abgespielt habe. Doch die Frau, der Liebe zwar nicht abgeneigt, entzieht sich ihm fortwährend aus unbekannten Gründen, vergleichbar eben mit der Reaktion des Protagonisten Austerlitz auf die Annäherung Marie de Verneuils. Immer und immer wieder kreiert X im Film eine mögliche Ver-

---

163 Vgl. R. J. A. Kilbourn: Architecture and Cinema. The Representation of Memory in W.G. Sebalds´ Austerlitz. In: J.J. Long; Anne Whiteread (Hg.). W.G. Sebald – A Critical Companion. Edinburgh 2006. S.148.
164 Austerlitz S. 297.

gangenheit, die sich für den Zuschauer bald nicht mehr von der Erzählgegenwart des Films unterscheiden lässt. Als rühre X an ein verdrängtes Trauma, weigert A sich weiterhin zu erinnern, streitet alles ab und wiederholt immer wieder den Satz „Laissez moi".[165] Eine Zurückweisung aus unerfindlichen, von dem betreffenden Charakter nicht durchschauten Gründen findet auch in *Austerlitz* statt:

> *Ich glaube, sagte Austerlitz, ich habe versucht zu erklären, dass mir irgendetwas Unbekanntes hier in Marienbad das Herz umdrehe, etwas ganz Naheliegendes, wie ein einfacher Name oder eine Bezeichnung, auf die man sich nicht besinnen kann[...].*[166]

Es ist die Vergangenheit, die (fast) verlorene Erinnerung und das verdrängte Trauma, die Austerlitz verstören und ihn abrücken lassen von seiner Liebe. Der Marienbad-Aufenthalt markiert den Punkt, an dem das Trauma in Austerlitz´ Leben zum ersten Mal in seiner Heftigkeit zu Tage tritt und seinen Lebensweg negativ beeinflusst. Auch der Film thematisiert die Unfähigkeit der Erinnerung, wenn die durch X gemachte Aufforderung wiederholt zurückgewiesen wird. So dreht sich die Handlung von *Marienbad*, wenn man sie so überhaupt nennen kann, in dieser ewig erscheinenden Auseinandersetzung um sich selbst:
Der Drehbuchautor des Films und Verfechter des so genannten Nouveau Roman, Alain Robbe-Grillet, scheint in *Marienbad* seine Vorstellungen von einer, die normale Erzählweise und Zeitdarstellung von Film und Literatur durchbrechende Form umgesetzt zu haben.[167] Auslegungen des enigmatischen, an ein Puzzle erinnernden Films gibt es zahlreiche – *Marienbad* lädt dazu ein, entzieht sich jedoch immer wieder jeder zufrieden stellenden Er-

---

165 Vgl. Greene 1999. S.32ff.
166 Austerlitz S.308.
167 Vgl. Lindwedel 2000. S.317.

schließung. Dennoch ist das Vorhandensein eines verschütteten Traumas im Falle der weiblichen Hauptfigur ein brauchbarer thetischer Ausgangspunkt. Die drängende Evozierung der Vergangenheit durch X wäre dann mit der durch die Psychoanalyse vertretenen Verbalisierung des Traumas zu vergleichen, die in gewisser Hinsicht ja auch in *Austerlitz* mithilfe des Ich-Erzählers stattfindet. Welcher Art das Trauma ist, wird in *Marienbad* nicht voll formuliert, die Hinweise auf einen sexuellen Übergriff, auf eine Vergewaltigung bleiben im Vagen.[168] Ganz im Gegenteil zu einem anderen Film desselben Regisseurs, in dem es ebenfalls um Zerstörung, Erinnerung und Trauma geht, also eine Themen-Trias, die auch Sebalds Werk und vor allem *Austerlitz* stetig durchzieht.

In *Hiroshima mon Amour* von 1959 wird der kollektive Schrecken der Atombombenexplosion von Hiroshima dem individuellen Schicksal einer französischen Frau gegenübergestellt, die nach der deutschen Besatzung wegen einer Liebesbeziehung zu einem deutschen Soldaten geächtet wurde. Für diesen Film findet sich kein Referenz-Hinweis in *Austerlitz*, es kann aber davon ausgegangen werden, dass Sebald ihn kannte – hat er ja sein eigenes schriftstellerisches Werk den traumatischen Nachwirkungen des neben der Atombombe anderen großen Schreckensspektakel des Zweiten Weltkriegs gewidmet, der Shoa.

In ihrer Monografie zum französischen Film der Nachkriegszeit merkt Naomi Greene an, dass eine Ähnlichkeit der Charaktere aus Resnais´ Filmen mit Überlebenden der Konzentrationslager besteht.[169] Ob es nun der furchtbare Eindruck der Atombombe oder Vernichtungslager ist – die Figuren in *Hiroshima* und *Marienbad* weisen alle jene psychische Fehlentwicklung auf, die ein Trauma hervorbringt: Zusammenbruch der individuellen Identität, Gefühle der Paralyse und der Verfremdung.[170] Diese

---

168 Vgl. Greene 1999. S.32.
169 Vgl. ebd.
170 Vgl. ebd.

von Greene zitierten, durch Julia Kristeva aufgestellten, Eigenschaften lesen sich wie eine Charakterisierung von W.G. Sebalds Figurenkabinett, allen voran Austerlitz. Wenn man *Letztes Jahr in Marienbad* als eine Parabel der Traumatisierung versteht, auch in Hinsicht auf die Shoa, dann schließt sich der Kreis hin zu der zentralen Marienbadtextstelle in Austerlitz, in der es ebenfalls um die Traumatisierung durch die Folgen des Massenmords an den Juden geht.

Die Motiv- und Gegenstandsähnlichkeiten zwischen Sebalds Text *Austerlitz* und den drei bisher genannten Filmen von Alain Resnais sind eklatant und laden ein, weitere Fragen zu stellen bzw. weitere Filme heranzuziehen.

4.3.4. Architektur der Vernichtung

Folgt man dem hilfreichen Schema von Jörg Helbig in Bezug auf markierte Intertextualität, dann bewegt man sich bei weiteren Resnais-Filmen hinsichtlich W.G. Sebald jenseits der Nullmarkierung.[171]

Statt von Intertextualität sollte in diesem Fall wahrscheinlich von Einfluss gesprochen werden. Um nicht aufs dünne Eis der Spekulation zu geraten, muss jeder filmische Einfluss, für den es keine Markierung und keine Anspielung gibt, genau auf seine Relevanz für den Primärtext hinterfragt werden.

Dass es keinen konkret befriedigenden Hinweis in W.G. Sebalds gesamtem Werk auf den Dokumentarfilm *Nuit et brouillard* (1956) gibt, ist allerdings

---

171 Mathias Frey will zwar in der gehäuften Abbildung von Toren und Türen in der Theresienstadtszene eine Reminiszenz an *Nuit et brouillard* sehen, aber das scheint zu vage; vgl. Matthias Frey: Theorizing Cinema in Sebald and Sebald with Cinema. In: Lise Patt (Hg.): Searching for Sebald: Photography After W.G. Sebald. Los Angeles 2007. S. 233.

erstaunlich. Obwohl dieser Film einen hinreichenden Bekanntheitsgrad besitzt, zu seiner Zeit wie kaum ein anderer Dokumentarfilm gewirkt hat und heute als filmisches Standardwerk für die Shoa gesehen wird.[172] Obwohl er in seiner Themenwahl, seiner Raumkonzeption und seinem Erinnerungsdiskurs als Vorläufer der Arbeit Sebalds, besonders *Austerlitz*, angeführt werden könnte. Der Verzicht auf ein Zitat oder eine Anspielung kann in diesem speziellen Fall eigentlich nur als Absicht gedeutet werden – der Verweis wäre zu offensichtlich, zu banal; denn die `Familienähnlichkeiten´ sind zu groß.

Nuit et brouillard ist der erste künstlerisch anspruchsvolle Versuch, sich mit dem Horror und Trauma der Konzentrationslager bzw. der Erinnerung daran auseinanderzusetzen. Unter Verwendung einer achronologischen Montage verknüpft der Film die Gegenwart der verlassenen und verwunschen wirkenden Lagerruinen mit der schrecklichen Vergangenheit anhand von historischen Filmaufnahmen.[173] Träger dieser Evokation des vergangenen Horrors ist nicht nur die Kamera, sondern auch die von Jean Cayrol verfasste, essayistische Erzählstimme. Wie Max Silverman schreibt, begibt sich der Film auf eine Spurensuche, die im Alltäglichen den Schrecken des Holocaust offenbaren möchte.[174] Dabei nimmt die Kamera oft die Position eines Wanderers ein, der durch die Überreste-Architektur streift. Der Wechsel zwischen Farb- und Schwarz-Weißaufnahmen signalisiert dabei den Wechsel von Gegenwart und Vergangenheit – ein heute bis zur Klischee-Routine übliches Filmmittel, das zu seiner Zeit allerdings noch avantgardistisch war.[175]

---

172 Vgl. Anne-Berenike Binder: „Mon ombre est restée là-bas". Literarische und mediale Formen des Erinnerns in Raum und Zeit. Tübingen 2008. S.237.
173 Vgl. Max Silverman: Horror and the Everyday in Post-Holocaust France: Nuit et brouillard and Concentrationary Art. In: French Cultural Studies. Jahrgang 17, Nr. 1, (2006). S. 5-18.
174 Vgl. ebd. S.8.
175 Vgl. Binder 2008. S. 252. Anm. 48.

Bei *Nuit et brouillard* geht es darum, dass Text und Bild sich in einem selbstreflexiven und kritischen Wechselspiel mit der Vergangenheit auseinandersetzen und dabei die Aufforderung an den Zuschauer stellen, sich dem Schrecken empathisch zu nähern. Der Dokumentarfilm möchte genau jene Spuren aufdecken, welche die nationalsozialistischen Täter in der Aktion mit dem sprechenden und titelgebenden Namen *Nacht und Nebel* verbergen wollten – die Spuren eines Massen- und Völkermords.[176]
Ausgang ist dabei zunächst, wie bei *Austerlitz*, wie auch bei *Toute la mémoire du monde*, die Architektur, diesmal der Konzentrationslager selbst. Dabei bedient sich Cayrol durchaus eines bitter-ironischen Tonfalls, wenn er zum Beispiel die Lager-Konzeption in unterschiedliche Architekturstile einteilt. Die Ermordung wird denunziert als Teil der industriellen Designkultur unter Beteiligung unzähliger Architekten und Künstler.[177]
Beachtlich zudem ist der selbstreflexive bzw. medienkritische Ansatz dieses frühen Films über den Holocaust: die in den Film montierten dokumentarischen Schwarz-Weiß-Bilder sind zum Teil aus Leni Riefenstahls *Triumph des Willens* oder Nazi-Wochenschauen genommen, Anderes stammt vom Bildmaterial der Alliierten und zeigt den wahren Schrecken hinter der verherrlichten Ästhetik nationalsozialistischer Propaganda. Die Autoren des Films wussten darum, dass der Zweite Weltkrieg mit seinen unterschiedlichen, teilweise totalitären Ideologien auch ein Krieg der Bildästhetik, des Kinos gewesen ist – die Frage nach der Schuld am Ende des Film muss sich auch das Kino stellen.[178]
Behutsam setzt Resnais die Mittel von Kameraführung und Montage, Ton- und Bildebene unterschiedlicher filmischer Materialen ein, um sich dem Schrecken der Lager zu nähern – immer mit dem Wissen, dass er eine Gratwanderung betreibt. Wie viel Horror darf die Kamera zeigen, bis es

---

176 Vgl. Silverman 2007. S.8.
177 Vgl. ebd. S.6.
178 Vgl. ebd. S.13.

zur Banalisierung, zur Instrumentalisierung des Schreckens kommt und der Film nichts anderes wird als Gegenpropaganda? Text und Bild sind sich ihrer Verantwortung bewusst und immer wieder schweigt die Erzählstimme, wenn die Kamera einen die gesamte Einstellung ausfüllenden Berg aus Frauenhaar abfährt oder allein der Text deutet an, was die Kamera nicht mehr zu zeigen vermag: So im Falle des Gefängnisses innerhalb des Lagerkomplexes – die Kamera bleibt an der Fassade stehen und der Off-Kommentar formuliert, dass es nutzlos sei, zu beschreiben, was hinter diesen Mauern vor sich ging.[179] Damit ist die Kamera gemeint, denn gleich gibt der Text Hinweise auf Käfige und Folterungen, die nur im Kopf des Zuschauers schreckliche Bilder entstehen lassen.
Hier findet der Film eine Sprachlosigkeit, die an die Empathie und das Mitdenken der Zuschauer appelliert. Dort wo die sprachliche und mediale Verarbeitung nicht mehr möglich ist und das Misstrauen gegen diese Art von Vermittlung zu stark, muss jeder Zuschauer seinen eigenen, persönlichen Zugang zu den Geschehnissen finden.
Nuit et brouillard liest sich insgesamt wie ein früher Prototyp der sebaldschen Arbeit, besonders in Bezug auf *Austerlitz*. Die Verbindung von Architektur und Erinnerung, die Suche in den Überresten, der Versuch, verborgene, längst verwischte (Schmerzens-)Spuren aufzudecken bei gleichzeitiger medialer Selbstreflexivität und -kritik – das alles findet seinen Widerpart in *Austerlitz*.
Der Verzicht auf ein markiertes Zitat oder auf eine nur halbwegs identifizierbare Anspielung kann nicht davon ablenken, wie wichtig *Nuit et brouillard* für den Ansatz Sebalds ist. Die Intertextualität bricht hier zu weiteren Ufern auf: wo mit dem wiederkehrenden Motiv der Karawane (siehe oben) die Grenzen zwischen den Texten und Medien überquert wurden (und die immer vorhandene Durchlässigkeit gekennnzeichnet wurde), weist die auffällig gehäufte Zitation aus Alain Resnais´ Arbeiten

---

[179] Vgl. Binder 2008. S.244.

über die markierten Werke hinaus. Das Zitat eines Autors, vor allem in dieser Deutlichkeit, fordert den Leser von *Austerlitz* dazu auf, sich mit dem Autor/ Filmemacher ausführlicher zu beschäftigen, sein Wissen und seine Erinnerung an alle relevanten Filme zu aktivieren und einzubringen. Um der Aufgabe des Lesers als erweiterter Autor gerecht zu werden, endet die Referenz und die Anspielung nicht bei der Markierung, sondern mit jedem Referenztext und jedem Autor eröffnet sich ein dazugehöriges Universum, das wiederum in das Konzept der Texte W.G. Sebalds eingewoben ist und mit deren Erschließung gerechnet wird.

4.3.5. Exkurs: Die Wiederbeschreibbarkeit des Gedächtnisses in den Filmen von Chris Marker

Die Grenze des Filmzitats zur bloßen Beeinflussung durch einen bedeutenden Film, die oben überschritten wurde, soll nun ganz zurück gelassen werden. Keine Namensnennung, keine Anspielung in W.G. Sebalds Texten weist auf den folgenden Filmmacher hin und doch muss er genannt werden, nicht nur der Vollständigkeit halber, sondern auch, weil er darüber hinaus die Lesart der Primärtexte nicht wenig bereichert.

„Ich glaube, dass dieser [...] Film den Titel *Toute la mémoire du monde* trug und dass er gemacht war von Alain Resnais."[180]

Das Augenmerk liegt in diesem Fall auf dem uneindeutigen „Ich glaube" – dabei geht es nicht nur um den ohnehin anzuweifelbaren Begriff einer Autorschaft, sondern hier ist, wie oft bei Sebald, ein Spiel mit gebrochener Authentizität zu vermuten, das seine Berechtigung in der so genannten wirklichen Welt hat. Denn in beiden oben angeführten und auf *Austerlitz* bezogenen Dokumentarfilmen, die wie selbstverständlich hauptsächlich

---

180 Austerlitz S. 371f.

Alain Resnais zugeordnet werden, taucht ein Name in unterschiedlichen Kombinationen auf: Das Pseudonym Magic Marker bzw. Chris Marker. Dahinter verbirgt sich ein realexistierender Schriftsteller und Autor, wie Alain Resnais Teil eines frühen Seitenzweiges der Nouvelle Vague. Kollaboration im Film ist unvermeidlich, was in der technischen Beschaffenheit des Mediums selbst liegt (erst die Videotechnik und die Digitalisierung machen es einfacher, auch im Alleingang vorzugehen). Zieht man jedoch die später von Chris Marker unter eigener Regie entstandenen Filme hinzu und vergleicht sie mit den späten Resnais-Filmen, dann bleibt die Frage wirklich offen, wessen Einfluss auf *Toute le mémoire du monde* und *Nuit et brouillard* größer war. Eine Frage, die sich selbstverständlich nicht beantworten lässt, die aber offenbar durch Sebalds uneindeutige Zurechnung gestellt wird und deshalb auf Chris Marker hindeuten könnte.[181] In diesem Fall müssen zwei Filme Chris Markers besondere Beachtung finden und zwar *La Jetée* (1962) und vor allem *Sans Soleil* (1983). Ersterer ist objektiv gesehen gar nicht wirklich als Film zu bezeichnen, da er nur aus aneinander montierten Schwarz-Weiß-Fotografien zu Musik und Erzählstimme besteht. Der Plot des postapokalyptischen Science-Fiction-Szenarios ist einem breiteren Publikum halbwegs bekannt durch das Quasi-Remake *Twelve Monkeys* (1995) von Terry Gilliam. Herausgestrichen werden muss, dass die vorgenommene Zeitreise als eine Art metaphysischer Vorgang mittels der Kraft der Erinnerung vonstatten geht. Ausgangspunkt dabei ist das Erinnerungsbild des Protagonisten von einer Frau, die er als Kind gesehen und nie vergessen hat. Selbstverständlich ist dieses Bild wie alles in *La Jetée* eine Schwarz-Weiß-Fotografie. Auf diese Art und Weise schicken ihn obskure Wissenschaftler zurück in der Zeit, wo er eine Liebesbeziehung zu derselben Frau beginnt. Es kommt, wie es kommen muss: bei dem Versuch in die Vergangenheit zu flüchten und an

---

181 Um der Ähnlichkeit zwischen Sebald und Marker auf die `Spur´ zu kommen: Hier ein fälliger Dank an http://sebald.wordpress.com/category/chris-marker/.

der Seite der Frau zu leben, wird er von den Wissenschaftlern, die Anderes mit ihm vorhaben, getötet – an eben dem Flughafen, an dem er als Kind die Frau gesehen hat. Die Handlung vollführt einen Zirkel: Der Protagonist war als Kind Zeuge der Ermordung seines späteren Ichs und, so lässt sich schließen, aus diesem Trauma heraus hat sich das Bild der Frau festgesetzt. Hier verknüpft der Film bekannte Themen von medial vermittelter Erinnerung, Fotografie und Tod sowie den alten Wunsch, die Vergangenheit zu verändern. Besonders das Bedürfnis, medial vermittelt in die Vergangenheit zurückzukehren bzw. sein Gedächtnis neu zu beschreiben, spiegelt sich in der Episode um den Theresienstadtfilm in *Austerlitz*, auf die noch einzugehen ist. Zudem scheint die Verwendung von Schwarz-Weiß-Fotografien auch als Erinnerungsbilder mit derjenigen von Sebald verwandt. Genauso findet sich in *La Jetée* die Allgegenwart einer schwer lastenden und immer auf die Endlich- und Zeitlichkeit der Dinge gerichtete Melancholie, die stark an die Texte des zu behandelnden Autors erinnert.

Der zweite relevante Film, *Sans Soleil*, ist etwa zwanzig Jahre später entstanden und zeigt im Vergleich zu *La Jetée* und den Filmen der Fünfziger Jahre eine erstaunliche Beständigkeit der markerschen Themen: Anhand des aus unterschiedlichen Quellen und Weltteilen stammenden Film-materials bebildert Chris Marker einen so genannten Film-Essay. Das japanische Wirtschaftswunder mit seinen gesellschaftlichen Konsequenzen wird mit der krassen diametralen Entwicklung in Afrika gegengelesen. Den Off-Kommentar spricht eine Frau, die aus fiktiven Briefen vorliest, die von den Gedanken eines reisenden, ebenso fiktiven Kameramanns handeln. Bild und Off-Text stehen in einem ähnlichen Verhältnis wie bei den vorherigen Filmen (Markers eigenen und denen von Resnais, die unter Markers Kollaboration entstanden) – sie durchdringen einander, laufen entgegen, widersprechen sich oder schweigen wechselseitig. Wichtig ist Marker die Funktionsweise von Gedächtnis und Erinnerung im Zusam–

menhang auch mit Medien wie Sprache und vor allem Bild.[182] Dabei wird auf das wechselseitige Verhältnis von Erinnern und Vergessen hingewiesen sowie auf den Akt des Erinnerns als eine Wieder- und Neubeschreibung des Gedächtnisses. Erinnern ist heutzutage ein medial vermittelter Prozess, der sich von Schrift und Bild kaum mehr lösen lässt.[183] Die aus vielen Teilen der Welt von unterschiedlichen Kameraleuten eingefangenen Bilder, kombiniert mit Ausschnitten aus dem japanischen Fernsehen und mit durch Videotechnik bearbeiteten Bildern und Videospielsequenzen, folgen außerdem dem Prinzip der Bricolage wie bei W.G. Sebald. Interessanterweise zitiert Marker auch an einer Stelle von *Sans Soleil* Claude Lévi-Strauss – eine Referenz, die auf die Herkunft seines Verfahrens schließen lässt. Zudem erinnert das Verfremdungsverfahren der `Zone´ stark an die Videobearbeitung am Ende von *Austerlitz*; auf diese Ähnlichkeit wird noch unter 4.4.3. eingegangen werden.

Auf der Textebene ist es die Verschachtelung durch die indirekte Rede mit der so genannten Inquit-Formel, die in der englischen Übersetzung meistens alle Äußerungen mit `He wrote me´ einleitet, welche ebenfalls an Sebalds Erzählkonzeption erinnert. Der Text der Erzählstimme bezeichnet den fiktiven Kameramann als auf der Jagd nach Banalitäten, in denen immer wieder die Funktionsweise von Erinnerung, Geschichte und individuellen Erfahrungswerten aufgearbeitet werden soll. Diese Herangehensweise kann als eine Spurensuche gesehen werden, die allerdings nicht unbedingt immer wieder auf die schrecklichen Geschehnisse des 20. Jahrhunderts verweist, sondern vielmehr auf die Prozesse von Geschichte vergangener und gegenwärtiger Beschaffenheit. Hier weicht Markers Entwurf ab von Sebald – die alleinige Fixiertheit auf den Holocaust und Zweiten Welt-

---

182 Vgl. Wolfgang Bongers: Intermediale Archive: Gedächtniskonzepte bei Chris Marker und W.G. Sebald. In: Uta Felten (Hg.): Esta locura por los suenos. Heidelberg 2005. S. 445-462.
183 Vgl. ebd. S. 447.

krieg ist in *Sans Soleil* nicht mehr zu lesen. Dafür scheinen die globalen Bilder des Chris Marker einer ähnlichen, fast übernatürlichen Koinzidenz-Verkettung zu folgen, die offenbar unzusammenhängende Dinge assoziativ miteinander verknüpft. Wie zum Beispiel das Bild der spielenden Hunde am Strand der Island of Sal in Beziehung zum asiatischen Kalender, in dem zum ersten Mal seit 60 Jahren das Zeichen des Hundes dasjenige des Wassers trifft. Dabei folgen Sebald und Marker beide Konzepten des Essays, der eine überträgt sie auf seine fiktionale Literatur, der andere auf den Film.

4.4. Das medienreflexive Zitat oder `In der Zone von Theresienbad´

4.4.1. Film in der Biografie, die Biografie als Film

Der Lebensweg Austerlitz´ entfaltet sich nicht nur anhand der Fotografien, die ins Textbild integriert sind, sondern auch anhand unzähliger über den Text verteilter Filmzitate oder medienreflexiver Anspielungen. Dabei scheint der Protagonist selbst dem oben beschriebenen Konzept der Karawane zu folgen, die von der erzählten Wirklichkeit eines Mediums in die andere übergeht und damit selbstreflexiv für Intermedialität steht sowie auf die immer durchlässige Wand zwischen Texten und Medien hinweist. Austerlitz scheint verbildlicht und evoziert in der Figur des Siegfrieds aus Fritz Langs gleichnamigen ersten Teil des Nibelungen-Films. Wie Mathias Frey aufschlussreich darlegt, trifft Austerlitz´ individuelle Biografie auf die Weltgeschichte in Vermittlung durch das Medium Film;[184] in Filmzitaten aus der europäischen und deutschen Filmgeschichte, aber auch in Form

---

[184] Vgl. Frey 2007. S. 282. Der Autor bezieht sich auf Anton Kaes: Deutschlandbilder. Die Wiederkehr der Geschichte als Film. München 1987.

von medienreflexiven Anspielungen. So ist Austerlitz' erster Kontakt mit den bewegten Bildern der Wochenschauen gegen Kriegsende gleichzeitig ein historischer wie individueller Befreiungsschlag:

> *Mit den Siegesfeiern [...] schien eine neue Epoche anzubrechen. Sie begann für mich damit, dass ich, verbotenerweise, zum erstenmal ins Kino ging und von da an jeden Sonntagvormittag aus dem Gehäuse des Filmvorführers Owen, der einer der drei Söhne des Geistersehers Ewan war, die so genannte tönende Wochenschau mir anschaute.*[185]

Streng genommen ist es gar nicht Austerlitz' erste Begegnung mit dem Kino, denn bei einer der Überlandreisen an der Seite seines Ziehvaters, dem Prediger Elias, begegnet ihm bereits ein Kino, auf das bezeichnenderweise eine Bombe gefallen ist.

> *[...] und auf dem Rasenplatz lagen in ihren Sonntagskleidern die Leichen derjenigen, die sich, wie Elias mir nicht erst zu sagen brauchte, versündigt hatten gegen das heilige Sabbat-Gebot.*[186]

Im Haus des Predigers, in dem ein strenges calvinistisches Bilderverbot herrscht, ist es ohne Frage ein Frevel, den heiligen Sonntag mit den bewegten Bildern des Kinos zu verbringen. Umso deutlicher ist also Austerlitz' regelmäßiger sonntäglicher Besuch der Wochenschauen als Bruch mit und Aufbruch aus seiner walisischen Kindheit zu bewerten. Innerhalb der Struktur der Erzählung ist es demnach nur folgerichtig, dass kurz darauf der Zustand der Ehefrau des Elias sich verschlechtert und Austerlitz auf eine Privatschule geschickt wird. Der Beginn von Schul- und

---
185 Austerlitz S.88f.
186 Ebd. S.78.

Lehrjahren, die er „nicht [als] eine Zeit der Gefangenschaft, sondern der Befreiung [erlebt]."[187]
Drei Dinge verschalten sich hier: die individuelle Biografie Austerlitz´, die historische Bedeutung des Kriegsendes und das Medium des Films bzw. der dokumentarischen Wochenschauen. Eine Dreierkombination, die sich im Laufe des Textes wiederholen wird.
An vielen bedeutenden Stellen im Leben Austerlitz´, aber auch in der Geschichte seiner Familie tritt das Medium Film als Zitat auf: So findet die bedeutende Begegnung mit Marie de Verneuil in der alten französischen Nationalbibliothek statt, etwa zu einer Zeit, als der auch im Text zitierte Resnais-Film *Toute la mémoire du monde* entsteht – zumindest sind Austerlitz´ Erinnerungen an die alte Nationalbibliothek stark durch den Film beeinflusst. Dabei verwischen die Grenzen zwischen den Welten von Erinnerung, Fiktion und wirklichem Erleben. Auch ist man fast verlockt, Sebalds eigener Methode zu folgen und den Grenzgänger der Medien Austerlitz in dem Dokumentartfilm von Resnais zu suchen, in den Reihen der im Lesesaal sitzenden Bibliotheksbesucher, an denen die Schwarz-Weiß-Kamera vorbeifährt: Ist dort, im toten Winkel nicht, über Bücher gebeugt, Fritz Langs Siegfried zu erkennen?
Die Liebe Maries verliert Austerlitz im Schatten eines anderen Films von Resnais, *L'année dernière à Marienbad*. Hier ist zudem die historische Komponente, wenn auch nur unterschwellig, präsent: Marienbad erscheint in *Austerlitz* als eine Art eingemottetes Relikt aus der Zeit vor den Weltkriegen, als räumliche Figuration des untergegangenen 19. Jahrhunderts, gefangen in einem andauernden Dornröschenschlaf des Kalten Kriegs, aus dem es vielleicht nie erwachen wird. Der Schlaf spiegelt dabei nichts anderes als Austerlitz´ eigenes Trauma – Marienbad ist als Ort und als Film eine Art räumliche Figuration des Traumas.

---

187 Ebd. S.92.

Auch Austerlitz´ von der europäischen Geschichte zerstreute und getötete Familie hat ihre Berührungspunkte mit dem Medium Film: Sein leiblicher Vater, Maximilian Aychenwald, begibt sich zum so genannten Reichsparteitag 1934 nach Nürnberg und teilt die Stimmung der dort versammelten Deutschen mit – nicht nur aus eigener Erfahrung, sondern auch beeinflusst durch das spätere Kinoerlebnis des Propagandafilms *Triumph des Willens* (1935), der nicht namentlich erwähnt aber als Reichparteitagsfilm deutlich markiert wird.[188] Durch das Filmzitat wird deutlich, dass Austerlitz´ Vater nicht nur unschuldigerweise Teil der gewaltigen Propagandaveranstaltung geworden ist, sondern auch Teil des Leni-Riefenstahl-Films.[189] Nicht nur Austerlitz als Figur durchsteigt in seiner Biografie die dünne Trennwand zwischen den fiktiven und pseudo-authentischen medialen Welten, auch seine Eltern.

Wenn also Maximilian Aychenwald in *Triumph des Willens* als anonymes Individuum in der Menge der so genannten `Volksdeutschen´ zu suchen ist, dann scheint es nur folgerichtig, dass Austerlitz die Mutter in einem anderen Propagandafilm der Nazis zu suchen beginnt.[190]

---

188 Vgl. Austerlitz S.247.
189 Vgl. Frey 2007. S.228.
190 Vgl. ebd.

4.4.2. Die Beschwörung der vergangenen Realität

Von allen angeführten Filmzitaten, ob in *Schwindel. Gefühle.*, *Die Ausgewanderten* oder *Austerlitz*, ist der Propagandafilm von Theresienstadt als besonders herauszustreichen. Mit ihm wird, im Unterschied zu allen Filmzitaten vorher, nicht auf ein in die Filmgeschichte eingegangenes Kunstwerk rekurriert, sondern ein unbekannter, in seiner Machart und Überlieferung höchst zweifelhafter Pseudo-Dokumentarfilm zitiert. Daher kann sich der Autor kaum an die Erinnerung des Lesers wenden, oder sich darauf verlassen, dass der Leser den schwer zugängigen Film selbst rezipiert – es macht die Textstelle zu einem Filmzitat, in dem die Systemreferenz klar dominiert.[191] Zudem zieht *Austerlitz* nicht nur den Namen des Films als Referenz heran, der Film hat als Gegenstand und Material seinen eigenen Platz in der erzählten Realität des Textes. Der Protagonist Austerlitz sucht nach dem Film verzweifelt, sieht ihn sich mehrfach an und verändert ihn schließlich, fast ein wenig nach eigenem Wunsch. Das macht die Textstelle zu dem Filmzitat in *Austerlitz* und in Sebalds gesamten Werk, das in höchster Weise auch Medienreflexivität und Systemreferenz hinsichtlich Film zum Thema hat.

Nach der Rückkehr aus Böhmen, wo er durch seine Kinderfrau Vera von seiner Vorvergangenheit erfahren hat, erleidet Austerlitz einen Nervenzusammenbruch. Erst nach und nach findet er wieder zu sich und beschäftigt sich dabei mit H.G. Adlers *Theresienstadt 1941-45*, einer ausführlichen Monografie über die Struktur und die Abläufe im Konzentrationslager.[192] Es folgt ein zehn Seiten andauernder Satz, der atemlos erst das

---

191 Dank You-Tube ist die Suche nach dem fragmentierten und lange verschollenen Film übrigens längst obsolet geworden.
192 Vgl. H.G. Adler: Theresienstadt 1941-1945. Das Antlitz einer Zwangsgemeinschaft. Geschichte, Soziologie, Psychologie. Tübingen 1955.

Grauen des Lagers und dann die für eine Rote-Kreuz-Inspektion und zur Blendung der Weltöffentlichkeit erfolgte Verschönerungsaktion beschreibt. Der Satz endet mit der Erwähnung des Films, der als Propagandafilm das getarnte Konzentrationslager dokumentieren sollte, laut H.G. Adler allerdings als verschollen gilt. Offenbar verlangt es Austerlitz, der sein ganzes Leben fotografische Dokumentation betrieben hat und dessen Biografie sich entlang unterschiedlicher Filmzitate bewegt, nach einer Verbildlichung der durch Adler recherchierten und angeführten Tatsachen um Theresienstadt:

> [...] *trotz des von Adler mit solcher Sorgfalt niedergelegten und von mir bis in die letzten Anmerkungen studierten Berichts über die dortigen Verhältnisse, ist es mir unmöglich gewesen, mich in das Ghetto zurückzuversetzen und mir vorzustellen, dass Agáta, meine Mutter, damals gewesen sein soll an dem Ort. Immerzu dachte ich, wenn nur der Film wieder auftauchte, so würde ich vielleicht sehen oder erahnen können, wie es in Wirklichkeit war, und einmal ums andere malte ich mir aus, dass ich Agáta, eine im Vergleich zu mir junge Frau, ohne jeden Zweifel erkannte[...]*[193]

Es scheint, als verspreche Austerlitz sich von dem Propaganda-Film tatsächlich einen Einblick in die längst vergangene Realität des Konzentrationslagers und schließlich das (Wieder-)Erkennen der toten Mutter mithilfe des Films.[194] Die Suche nach dem Bild der Mutter ist dabei deutlich angelehnt an Roland Barthes´ *La chambre claire*.[195] Allerdings sucht Barthes in einer Reihe von Fotos seiner verstorbenen Mutter eines, das sie so darstellt,

---

193 Austerlitz S.349f.
194 Vgl. Fuchs 2004. S. 64f.
195 Vgl. Roland Barthes: Die helle Kammer: Bemerkungen zur Photographie. Frankfurt a. Main 1985.

wie sie wirklich war. Austerlitz hat sich eine größere Aufgabe gestellt, denn von seiner fast spurlos ausgelöschten Mutter gibt es gar keine Fotos mehr, geschweige denn ein spezielles, wie Roland Barthes es beschreibt. Bevor Austerlitz dieses Bild der Mutter in dem Propagandafilm suchen kann, stellt er sich den verschollenen Film in einer halluzinationsähnlichen Sequenz vor. Die Mutter entsteht in einer Art imaginierten Vorabversion des Films in Austerlitz´ Vorstellung:

Auch bildete ich mir ein, sagte Austerlitz, sie auf der Gasse zu sehen in einem Sommerkleid und einem leichten Gabardinemantel: allein in einer Gruppe von flanierenden Ghettobewohnern hielt sie genau auf mich zu und kam Schritt für Schritt näher, bis sie zuletzt, wie ich zu spüren meinte, aus dem Film herausgetreten und in mich übergegangen war.[196]

In seinem Glauben, dem Film Erkenntnis über die vergangene Realität abzugewinnen, mag Austerlitz den theoretischen Überlegungen Siegfried Kracauers folgen, der in seinem Werk *Theorie des Films* formuliert, dass „filmische Filme [...] sich Aspekte der physischen Realität einverleiben, um sie uns erfahren zu lassen."[197] Im Vergleich zum eigentlich toten Foto ist das bewegte Bild nicht nur Illusion, sondern tatsächlich Evozierung einer Wirklichkeit.[198] Durch die Magie der bewegten Bilder will Austerlitz nicht nur die Wiedererweckung seiner Mutter von den Toten erreichen, sondern auch eine (symbolische) Vereinigung mit ihr bewirken, die am Ende Erlösung von seinem eigenen seelischen Trauma verspricht.
Die Suche nach dem Film, nach der vergangenen Realität und dem Bild der Mutter darin, ist zuletzt nichts anderes, als die oben bereits oft genug zi–

---

196 Austerlitz S.350.
197 Siegfried Kracauer: Theorie des Films. Die Errettung der äußeren Realität. Frankfurt a. M. 1964. S. 69.
198 Vgl. Gertrud Koch: Kracauer zur Einführung. Hamburg 1996. 125ff.

tierte Spurensuche, die Suche nach den Phantom- und Schmerzensspuren, nach den Überresten des vergangenen Leids im Nachgang an die vollkommene Auslöschung. Für diese Suche nach Phantomspuren macht sich Austerlitz die Irrealität des Films dienstbar, um die tiefsten und wahrsten Gefühle zu erfahren, wie in der bereits in Kapitel 3.2. zitierten Textpassage aus der Nachtfalter-Szene in *Austerlitz*. Interessanterweise sucht Austerlitz in einer potenzierten Irrealität: es ist nicht nur Film, sondern auch ein fingierter Dokumentarfilm, der mehr über die Verschönerungsaktion der Nazis (die ja stattgefunden hat) verrät, als über die tatsächlichen Verhältnisse im Lager.

4.4.3. Die Öffnung der `Zone´ in die Unterwelt

Als Austerlitz schließlich eine Video-Kopie des mit *Der Führer schenkt den Juden eine Stadt* bezeichneten Films findet, ist es nur ein irgendwie durch die Zeiten geretteter, lückenhafter Zusammenschnitt des Originals.[199] Tatsächlich handelt es sich um ein 15 Minuten langes Fragment aus dem Schluss des Films, der insgesamt neunzig Minuten lang war und laut Forschung eigentlich *Theresienstadt – Ein Dokumentarfilm aus dem jüdischen Siedlungsgebiet* heißen sollte.[200]
Dieses Filmfragment rauscht an Austerlitz in der gnadenlosen Sukzessivität des Mediums vorbei: „aber nichts von all diesen Bildern ging mir zunächst in den Kopf, sondern sie flimmerten mir bloß vor den Augen in

---

199 Vgl. Austerlitz S.352.
200 Vgl. Fuchs 2004. S. 63. Sie zitiert Karel Margy: Das Konzentrationslager als Idylle: „Theresienstadt". Ein Dokumentarfilm aus dem jüdischen Siedlungsgebiet. In: Fritz Bauer Institut (Hg.): Auschwitz: Geschichte, Rezeption und Wirkung. Frankfurt a. Main. 1996. S.319-343.

einer Art von kontinuierlicher Irritation [...]"[201] Der eben noch durch seine Wirklichkeitsnähe zum Hoffnungsträger ernannte Film wird gerade durch seine Eigenschaft der kontinuierlich unaufhaltbar ablaufenden Bilder für Austerlitz´ Suche nach der Mutter unbrauchbar.[202]
Eigentlich ist es das Medium des Videos, das seine weitere Beschäftigung mit dem Film zustande kommen lässt: Im Falle des Videofilms ist es möglich, vor- und zurückzuspulen, das Bild anzuhalten und Zeitlupenkopien anzufertigen. Die Zeitlupe im richtigen Film ist eine Hinzufügung von Bildern, in der Zeitlupe der Videokopie handelt es sich lediglich um eine Verlangsamung der Bilder. Damit wird der Film soweit verlangsamt, dass er in seiner Existenz als Aneinanderreihung von Einzelbildern entlarvt und fast zurück aufs Foto gekürzt wird. Die beiden in *Austerlitz* abgedruckten Bilder sind dann eben auch Fotos, auch wenn das eine durch eine Zahlenangabe im zeitlichen Gefüge des Films eingeordnet ist.[203]
Die Suche nach der Mutter sowie nach Erlösung scheitert natürlich – trotzdem scheinen die lang gedehnten, entfremdeten Bilder der Zeitlupenkopie tatsächlich einen gewissen Grad an `Wahrheit´ zu enttarnen.[204] Im Gegensatz zu dem Fotografen in Michelangelo Antonionis *Blow up* (1966), der immer und immer wieder seine von einem Mord gemachten Fotos vergrößert, aber am Ende Fotografie und Wirklichkeit nicht mehr synchronisieren kann, taucht in dem zeitlichen Vergrößerungsverfahren von Austerlitz etwas der längst verloren geglaubten Realität auf. Hier spiegeln sich ansatzweise die auch mithilfe der Videotechnik erreichten Verfremdungstechniken, die Chris Marker in dem oben bereits zitierten *Sans Soleil* anwendet, um `autonome Bilder´ zu schaffen.[205] Immer wieder verzerrt Marker den Ton, verlangsamt die Bilder oder hält sie vollkommen an. Der

---

201 Austerlitz S.352.
202 Vgl. Bonn 2007. S.183.
203 Siehe Austerlitz S.358.
204 Vgl. Bonn 2007. S.183f.
205 Vgl. Bongers 2005. S.447f.

Autor von *Sans Soleil* nennt u. a. diese Verfremdungstechniken in Anlehnung an *Stalker* (1979) von Andrej Tarkowskij `Die Zone´. Eine ähnliche Zone öffnet sich also in dem Moment, wo Austerlitz die Manipulation der Bilder des Theresienstadt-Films beginnt.
Die Verfremdung des Films macht sichtbar, was der Propagandafilm und die ganze SS-Verschönerungsaktion eigentlich verbergen wollten: Die Körperformen scheinen sich aufzulösen, die Polka wird zu einem Trauermarsch und die kommentierende Stimme zu einem bedrohlichen Raubtier-Grollen.[206] Die bevorstehende Ermordung der im Film abgelichteten Protagonisten, aber auch seiner Macher scheint so offenbar zu werden. Der Verfremdungseffekt enthüllt, wie bereits die russischen Formalisten der Zwanziger Jahre feststellten, um auch auf die Gemachtheit medialer Produkte zu verweisen. Der Film zeigt, was er eigentlich ist – eine Schau von unerlösten, phantomartig herumhuschenden Geistern.[207]

Ihr Gehen glich nun einem Schweben, als berührten die Füße den Boden nicht mehr. Die Körperformen waren unscharf geworden und hatten sich, besonders bei den draußen im Tageslicht gedrehten Szenen, an ihren Rändern aufgelöst.[208]

Die Beschäftigung mit dem Film kommt einer Geisterbeschwörung gleich, wobei die Beschreibung als „subterrane Welt"[209] mit dem untergegangenen Dorf Llandwyn aus Austerlitz´ Kindheit korrespondiert, das ja bereits oben mit Film und einer Untotenwelt in Verbindung gebracht wurde.
Wiederholt ist es für Austerlitz außerdem eine Katabasis, ein Abstieg in die Unterwelt.[210] Die `Zone´ öffnet sich über die Benutzung und Verfremdung

---

206 Vgl. ebd. Austerlitz 353ff.
207 Vgl. Fuchs 2004. S. 66.
208 Austerlitz. S. 353.
209 Ebd. S. 356.
210 Vgl. Kilbourn 2006. S.148.

des Mediums zur Welt der Toten, oder, wie bei Jean Cocteau zu einer Welt zwischen Leben und Tod. Denn bereits für die Marienbad-Episode in *Austerlitz* kann die Reise in die Unterwelt/ Untotenwelt als Topos herangezogen werden, und zwar aus unterschiedlichen, intertextuellen Gründen: Erstens, weil der Resnais-Film *Letztes Jahr in Marienbad* in seinen unerlösten Wiederholungsstrukturen nicht nur als eine Szenerie von Traumatisierten, sondern auch an eine Geister- bzw. Phantomwelt erinnert. Zweitens wird das sebaldsche Marienbad eingeleitet mit einem unmarkierten Zitat aus *Orphée* von Jean Cocteau[211]: Die Fahrt nach Marienbad durch die böhmische Landschaft im Wagen an der Seite Maries und verfolgt von zwei Motorradfahrern erinnert deutlich an den Film von 1949. In *Orphée* sitzt der Hauptcharakter im Wagen an der Seite einer den Tod verkörpernden Frau, um sich zu einem verwaisten Landhaus zu begeben, wo die Frau Orpheus den Weg in die Unterwelt zeigt. Die sie begleitenden Motorradfahrer sind Todesboten, welche die Befehle der Herrin exekutieren. Aus diesem Grund erscheinen die Motorradfahrer Austerlitz „sehr unheimlich"[212].
Der Verweis verwandelt den gesamten Aufenthalt in Marienbad zu einem Abstieg ins Totenreich.[213] Genau wie Orpheus muss Austerlitz scheitern und kann seine Geliebte nicht halten. In einer alten Motivverkettung werden bei *Orphée*, *Marienbad* und *Austerlitz* Tod und Liebe verschränkt.
Interessanterweise erfolgt der Abstieg in die Unterwelt bei Jean Cocteau mit der Durchquerung einer ominösen Welt, bei der auch hier der Begriff `Zone´ verwendet wird, die allerdings als ein `Dazwischen´, eine Welt weder der Lebenden noch der Toten beschrieben wird. Ob hier eine intertextuelle Linie von Cocteau, über Tarkowskij zu Chris Marker führt oder

---

211 Vgl. Bonn 2007. S.181. Klaus Bonn weist allerdings nur darauf hin, dass der Film *Orphée* als unmarkierter Referenzfilm zugrunde liegt.
212 Austerlitz S.299.
213 Vgl. Kilbourn 2006. S.148.

ob es eine rein zufällige Begriffsverwendung ist, kann an dieser Stelle nicht beantwortet werden. Allerdings passt es zum sebaldschen Vorgehen, Koinzidenzien aufzudecken und in einen, von ihm dirigierten Gesamtzusammenhang einzuordnen. Bei der Wahl zwischen den Begriffen `antike Totenwelt´ oder `spiritistische Untotenwelt´, die ja genau genommen voneinander differenzieren, sollte also für den Theresienstadtfilm der Begriff der `Zone´ erwogen werden. Die `Zone´ als ein von Jean Cocteau geprägter Begriff, durch das Verfahren der videotechnischen Verfremdung Chris Markers geöffnet.

4.4.4. `Letztes Jahr in Theresienbad´

Diese `Zone´ betritt Austerlitz mithilfe des Theresienstadtfilms nicht mehr nur als Orpheus, sondern diesmal als homerischer Odysseus und als Ödipus. Dreimal versucht Odysseus seine Mutter im Totenreich anzusprechen, bis es ihm gelingt – Austerlitz selber kann im Totenreich seine Mutter nicht wieder finden, geschweige denn, sich mit ihr als Ödipus vereinigen.[214]
Oben wurde ausführlicher dargestellt, dass die Marienbadepisode und die Szene um den Theresienstadtfilm allein schon wegen des Topos der (Un-) Totenwelt miteinander korrespondieren. Demnach ist es nicht weiter verwunderlich, dass Sebald die SS-Verschönerungsaktion betont, die das Konzentrationslager Theresienstadt als eine Art Kurbad für Juden inszenierte. So werden in *Austerlitz* Marienbad und `Theresienbad´ zu ungleichen Zwillingen, zu einer der weiteren Spiegelfigurationen, die ja zahlreich in Sebalds ganzem Werk vorkommen. Zieht man den Film *Letztes Jahr in Marienbad* hinzu, dann erweitert sich diese Konstellation: Wo der

---

[214] Vgl. ebd. 2006. S. 150. u. Homer, Odyssee, 11. Gesang.

Film von Trauma und Vergangenheit hinter der Kulisse eines längst untergegangenen Heilbads handelt, geht es im Theresienbad-Propagandafilm um die durch die Inszenierung eines angeblichen Heilbades verdeckte Vernichtungsanstalt, die von Menschen bewohnt wird, welche allesamt ihrer Ermordung (oder einem zukünftigen Trauma im Falle des Überlebens) entgegen gehen mussten.

Wovon sie allerdings auch zeugen, zumindest der Propagandafilm – und jener gegen jede erhoffte Wirkung seiner Produzenten –, ist die von Sebald ja schon oft erwähnte Verstrickung deutsch-jüdischer Kultur. Denn natürlich muten die im Film beschriebenen Alltagsszenen der so genannten jüdischen Inhaftierten wie Alltagsszenen der deutsch-jüdischen Kultursymbiose an. Diese Zwillingsexistenz der deutsch-jüdischen bürgerlichen Welt ist ein weiterer Befund, der durch die (markerischen) Entfremdungstechniken im Theresienstadt-Propagandafilm zutage gefördert wird.[215] Wieder eröffnet die Spurensuche in der Irrealität des Films Zusammenhänge hinter den Kulissen.

Die geisterhafte Erscheinung, die Austerlitz am Ende dieser Film-Séance schließlich als seine Mutter identifizieren will, wird ganz im Sinne Roland Barthes auch anhand des so genannten Punctums ausgewählt:[216] jenes scheinbar banalen und unwichtigen Details, an dem das Herz des Betrachters aus teilweise unerfindlichen Gründen hängt, in diesem Fall „eine weiße Blumenblüte im Haar"[217]. Der Prüfung an der individuellen Erinnerung durch die Kinderfrau Vera kann dieses Filmstill nicht standhalten. Die Mutter wird auf einer anderen Fotografie von Vera eindeutig identifiziert, die Austerlitz ohne große Probleme im Prager Theaterarchiv findet. Über diese relativ leichte Lösung des Problems, genau wie Austerlitz´ un-

---

215   Vgl. Fuchs 2004. S. 66.
216   Vgl. Barthes 1985. S.33.
217   Austerlitz S.358.

emotionale Weitergabe der kostbaren Bilder an den Ich-Erzähler, wurde in der Literatur schon ausführlich gerätselt.[218]
Der ganzen Episode um den Theresienstadt-Propagandafilm liegt allerdings nicht nur die barthesche Suche nach der Fotografie der Mutter zugrunde, es geht Austerlitz, wie oben bereits erwähnt, mehr um die Wiedererweckung der vergangen Realität (damit auch der Mutter) durch die Medialität des Films, bei gleichzeitiger Erlösung in der Vereinigung mit derselben. Die Imagination des Films in der Fantasie Austerlitz´, die zu Anfang der Episode erfolgt, reicht dabei nicht aus. Das Medium Film soll die gelöschten, verdrängten und gar nicht vorhandenen Erinnerungen an die Mutter und an die Mutter im Konzentrationslager wiederbeleben oder auffüllen bzw. neubeschreiben. Hier geht Sebald über den Begriff des Mediums als Werkzeug des Gedächtnisses hinaus, hier wird dem Medium die Fähigkeit zugesagt, auf fast übernatürliche Weise nicht erlebte Erfahrungen zu vermitteln, virtuelle Erinnerungen übertragen und das Gedächtnis schließlich neu beschreiben zu können.
Diese an den Film herangebrachten Wünsche und Hoffnungen kann das Medium selbstverständlich nicht erfüllen und deshalb muss Austerlitz sich am Ende lediglich mit dem Foto der Mutter zufrieden stellen, das eine Wiederbelebung der physischen Realität allerdings nicht ermöglicht.
Wenn die Phantomsuche in *Austerlitz* im „Aufblitzen des Irrealen in der Realen Welt [...]"[219] die „tiefsten Gefühle"[220] finden soll, dann muss auf das Ende dieses vielzitierten Satzes hingewiesen werden: „daß unsere tiefsten Gefühle sich entzündeten *oder jedenfalls das, was wir dafür hielten.*"[221] (Hervorhebung C.K.) Die Einschränkung weist auf die Subjektivität von Gefühlen hin und kann in diesem Zusammenhang als Subjektivität der

---

218 Vgl. Kilbourn 2006. S. 152 u. Fuchs 2004. S. 66.
219 Austerlitz. S.139.
220 Ebd.
221 Ebd.

medial vermittelten Gefühle gelesen werden. Die Phantomsuche in der Irrealität ist Selbstzweck, sie kann eigentlich zu keinem ausdifferenzierten Ziel führen, da Gefühle nur begrenzt intersubjektiv vermittelbar sind – was eben die große *Crux*, aber auch Herausforderung an Kunst und Medien ist.

5. Zusammenfassung und Fazit

Der medienreflexive Diskurs bzw. die vorhandenen Systemreferenzen hinsichtlich Film erstrecken sich im Werk W.G. Sebalds hauptsächlich über Teile seiner Essays (v.a. *Kafka im Kino*) und natürlich *Austerlitz*. Letzterer kann ohne Übertreibung als der große Medientext des Autors bezeichnet werden.
Immer wieder bezieht sich Sebald dabei indirekt auf bestehende medienmetaphorische und medientheoretische Diskurse, seien es Theorien von z.B. Baudry oder Barthes. Im Zuge dessen bringt der Autor den Film wiederholt in die Nähe des Spiritistischen, Gespensterhaften – nicht nur, um vorhandene Literatur-Topoi zu reproduzieren, sondern vor allem, um ihn in das eigene Diskursnetzwerk des Unbewussten, des Traumas und der Erinnerung zu integrieren. Nicht nur die Theorien Sigmund Freuds, vor allem der Begriff des Phantoms von Nicolas Abraham, jene transgenerationelle Heimsuchung durch Traumata längst Verstorbener, finden ihre deutliche Prägung in Sebalds Mediendiskurs. Die Geister und Phantome, die durch das Medium Film auf ewig und untot gebannt sind, werden Gegenstand der viel zitierten alternativen Spurensuche. Der Suche nach Spuren der Zerstörung, des Schmerzes, des Unrechts etc., die durch den Fortgang gnadenloser Perioden der Modernisierung und des Krieges kaum mehr aufzuweisen sind. Deshalb ist die Suche nach den Schmerzensspuren eine Phantomsuche, die sich auch auf die Irrealität des Filmmediums erstreckt.
Diese grundlegenden Elemente des Mediendiskurses setzen sich selbstverständlich dort fort, wo die intermedialen Bezüge zu Einzeltextreferenzen werden. Denn jedes Filmzitat rekurriert gleichzeitig auf das System Film an sich. Das Netz aus Einzeltextreferenzen ist deshalb ebenfalls Teil der Phantomsuche.

Auch hier dominieren Traumbilder wie bei *Jeder für sich und Gott gegen alle* oder Strukturen des Hypnotischen und Unbewussten wie bei *Dr. Mabuse, der Spieler*. Film- und Kinoerlebnis werden hier in Beziehung mit der Funktionsweise von psychischen Funktionen wie Erinnerung und Dysfunktionen sowie Wahnsinn gesetzt. Dabei legt die Spurensuche sowohl die Sehnsucht nach präexistenziellen, vortraumatischen Zuständen offen, als auch die Gefahr der Bilder in ihrer hypnotischen Kraft, die im 20. Jahrhundert in den faschistischen und kommunistischen Ideologien sich exponierte.

Die Phantomsuche ist aber auch eine Suche nach Familienähnlichkeiten, was sich in den gewählten Filmzitaten immer wieder zeigt: bei Werner Herzog ist es die Verwendung unterschiedlichen filmischen Materials oder halbfiktionaler und authentischer Dokumente, die Ähnlichkeit zu Sebalds eigenem Bricolage-Verfahren aufweist. Der Filmemacher Alain Resnais betreibt nicht nur eine ähnliche Spurensuche, sondern befasst sich mit denselben Themen von Zerstörung, Trauma und Erinnerung wie die Texte Sebalds. Dabei erweitert sich der Intertextualitätsbegriff: Nicht nur der deutlich markierte Film soll vom Leser mitrezipiert oder dessen Erinnerungen und Wissen an den Film aktiviert werden, sondern der ganze Filmautor wird zitiert. Andere Filme, auf die gar nicht rekurriert wird, wie das auch für Sebald beispielgebende *Nuit et brouillard*, helfen, den Primärtext weiter zu erschließen.

Die Familienähnlichkeit geht soweit, dass sie jenseits jeden Zitats auch eine Brücke von Sebald zu den Filmen von Chris Marker schlägt: Besonders Formen des verschachtelten und essayistischen Erzählverfahrens, der Thematik von Erinnerung und Geschichte, die Verbindung von Text und Bildmedien und schließlich Verfahren der Medienmanipulation mithilfe der Videotechnik (die `Zone´) finden sich auch in den Texten W.G. Sebalds. Zitierte Filme legen auch Familienähnlichkeit offen, die stark politische Bedeutung hat, wie die Doppelgängerkonstellation zwischen Deutschen und

Juden, die nach Lacan gleichzeitig den tödlichen und furchtbaren Ausgang erklärt. Die Geschichte spiegelt sich hier im Film, Film in der Geschichte, genauso wie die individuelle Biografie des Protagonisten von *Austerlitz*: Aus einem Fritz-Lang-Film evoziert, bewegt sich Austerlitz immer wieder entlang von Filmzitaten, glaubt seinen Vater in der anonymen Menge von *Triumph des Willens* und sucht die Mutter im Propagandafilm von Theresienstadt.

Der Protagonist, der Ich-Erzähler und der Text selber folgen dem Konzept der Spurensuche immer in einer Bewegung über die unterschiedlichen Mediengrenzen hinweg. Zur Metapher dieser Bewegung und ihrer intermedialen Verfasstheit wird dabei das Motiv der Karawane, das einen ähnlichen Weg zurücklegt. Die Karawane bewegt sich fort durch viele Texte Sebalds, findet sich in den einzelnen Geschichten von *Die Ausgewanderten* genauso wieder wie am Ende von *Jeder für sich und Gott gegen alle*, bei *Dr. Mabuse, der Spieler* oder in den an Film mahnenden Schattenprojektionen in den Jugenderinnerungen Austerlitz´. Die Karawane wird zum Metamotiv für die Durchlässigkeit der Medien im Intermedialitätskonzept Sebalds und Vorbild für die Lesebewegung des Lesers selbst: um die Rolle als erweiterter Autor erfüllen zu können, muss der Leser der Karawane über die Grenzen der unterschiedlichen Texte und Medien folgen. Erst mit Rezeption der zitierten und über das Zitat hinausgehenden, in Ähnlichkeitsbeziehung stehenden Referenztexten (z.B. Filmen) erweitert sich der Zugang zu den Arbeiten W.G. Sebalds in erheblichem Maße. Die Wiederlesbarkeit wird gesteigert beinahe hin zum Ideal des beweglichen Textes.

Das Spiel mit Intermedialtät und die Spurensuche in der Irrealität kulminiert bei *Austerlitz* in der Suche nach der Mutter im Propagandafilm über Theresienstadt. Hier überwiegt die Systemreferenz eigentlich gegenüber der Einzeltextreferenz, denn der Film ist Teil der erzählten Welt, wenn auch nicht fiktiv, doch den meisten Lesern auf jeden Fall unbekannt und zumindest in Zeiten vor You-Tube nur unter Problemen zu rezipieren. Der sebaldsche Mediendiskurs fließt hier zusammen: zu Totenweltmetapher, Phantomen und der Errettung der physischen Realität kommt allerdings noch das Motiv der Erlösung in der Vereinigung mit der gefundenen Mutter. Letzteres soll erreicht werden durch die Medienmanipulation einer Verlangsamung der Bilder. Mithilfe der Videotechnik werden die Bilder soweit verfremdet, dass sich etwas (er-) öffnet, das am besten mit dem Begriff der `Zone´ zu beschreiben ist. Jener selbst intertextuell gewanderte Begriff von der Verfremdung der Bilder in *Sans Soleil* von Chris Marker, in Korrespondenz mit der Welt zwischen Leben und Tod in *Orphée* von Jean Cocteau – beides wird als `Zone´ bezeichnet.

Am Ende kann die markersche `Zone´ zwar die geschichtliche Realität hinter den Propagandabildern enthüllen, die individuelle Realität mit dem filmischen Bild der Mutter bleibt aber verwehrt oder zumindest mit einem Fragezeichen versehen. Die Erlösung anhand der verfremdeten Filmbilder findet nicht statt.

Der Wunsch nach Erlösung, der vielleicht (unbewusster) Ausgangspunkt der sebaldschen Spurensuche ist, bleibt ein Ideal, das an die Kunst und seine Medien herangetragen werden kann und muss, das sich aber nicht zwingend erfüllt. Die Spurensuche in der Irrealität bleibt ein reibungsvoller Prozess, ist eine andauernde Bewegung, wie die Karawane, die immer noch auf dem Weg ist.

6. Literaturverzeichnis

Primärliteratur

von Eichendorff, Joseph: Gedichte. Versepen. In: (Ders.): Werke in sechs Bänden. Band 1. Hrsg. von Frühwald, Wolfgang; Schillbach, Brigitte; Schultz, Hartwig. Frankfurt a. M. 1987.

Goethe, Johann Wolfgang: Die Wahlverwandtschaften. Hamburger Ausgabe. Hrsg. von Erich Trunz. München 2005.

Nabokov, Vladimir: Erinnerung, sprich. Wiedersehen mit einer Autobiografie. In: (Ders.) Gesammelte Werke hrsg. Von Dieter E. Zimmer. Reinbek bei Hamburg 1991.

Novalis: Das philosophische Werk I. In: (Ders.): Schriften. Die Werke Friedrich von Hardenbergs. II. Bd. Hrsg. Von Kluckhorn, Paul; Samuel, Richard. Stuttgart 1981.

Sebald, W.G.: Die Ausgewanderten. Frankfurt a. M. 1994.

Sebald, W.G.: Austerlitz. Frankfurt a. M. 2003.

Sebald, W.G: Fremdheit, Integration und Krise. Über Peter Handkes Stück Kaspar. In: (Ders.) Campo Santo. München 2003. S. 57-68.

Sebald, W.G.: Kafka im Kino. In: (Ders.) Campo Santo. Hrsg. von Sven Meyer. München 2003. S.193-209.

Sebald, W.G.: Luftkrieg und Literatur – Mit einem Essay zu Alfred Andersch. Regensburg 1999.

Sebald, W.G.: Schwindel. Gefühle. Frankfurt a. M. 2005.

Zitierte Filme

Ewers, Hanns-Heinz (Buch): Der Student von Prag (1913).

Gilliam, Terry (Regie): Twelve Monkeys (1995).

Gerron, Kurt (Regie): Theresienstadt – Ein Dokumentarfilm aus dem jüdischen Siedlungsgebietgebiet. Aka: „Der Führer schenkt den Juden eine Stadt" (1945).

Herzog, Werner (Regie): Aguirre, Zorn Gottes (1972).

Herzog, Werner (Regie): Jeder für sich und Gotte gegen alle (1974).

Lang, Fritz (Regie): Die Nibelungen (1924).

Lang, Fritz (Regie): Dr. Mabuse, der Spieler (1922).

Marker, Chris (Regie): La Jetée (1962).

Marker, Chris (Regie): Sans Soleil (1983).

Resnais, Alain (Regie): Hiroshima mon amour (1959).

Resnais, Alain (Regie):L'année dernière à Marienbad (1961).

Resnais, Alain (Regie): Nuit et brouillard (1956).

Resnais, Alain (Regie): Toute la mémoire du monde (1956).

Riefenstahl, Leni (Regie): Triumph des Willens (1935).

Tarkowskij, Andrej (Regie): Stalker (1979).

Wiene, Robert (Regie): Das Cabinet des Dr. Caligari (1920).

Sekundärliteratur

Allgemein

Abraham, Nicolas: Aufzeichnungen über das Phantom. Ergänzung zu Freuds Metapsychologie. Psyche. Jahrgang 45 (1991). S. 691- 698.

Adler, H.G.: Theresienstadt 1941-1945. Das Antlitz einer Zwangssgemeinschaft. Geschichte, Soziologie, Psychologie. Tübingen 1955.

Sigmund Freud: Metapsychologische Ergänzung der Traumlehre. In (ders.): Gesammelte Werke. Band 10. Werke aus den Jahren 1913-17. Frankfurt a. Main 1991

Horkheimer, Max; Adorno, Theodor W.: Dialektik der Aufklärung: philo–sophische Fragmente. Frankfurt a. Main 1986.

Kremer, Detlef: Romantik. Stuttgart 2003.

Laub, Dori: Truth and Testimony. The Process and the Struggle. In: Cathy Caruth (Hg.), Trauma. Explorations in Memory. Baltimore (u.a.) 1995. S. 61-75.

Lehmann, Thomas: Augen zeugen. Zur Artikulation der Blickbezüge in der Fiktion; mit Analysen zum Sehen in J. W. Goethes Roman "Die Wahlverwandtschaften" (1809) und in Peter Greenaways Film "The draughtsman's contract" (1982). Tübingen 2003.

Nicolaus, Ute: Souverän und Märtyrer. Hugo v. Hofmannsthals späte Trauerspieldichtung vor dem Hintergrund seiner politischen und ästhetischen Reflexionen. Würzburg 2004.

Pagel, Gerda: Lacan zur Einführung. Hamburg 1989.

Rank, Otto: Der Doppelgänger: eine psychoanalytische Studie (1925). Wien 1993.

Schmitz-Emans, Monika: Entgrenzungsphantasien und Derealisierungserfahrungen: Das Kino im Spiegel des Romans bei Thomas Mann, Luigi Pirandello, José Saramago u. Yoko Tawada. In: Poppe, Sandra u. Seiler, Sascha (Hrsg.): Literarische Medienreflexionen. Künste und Medien im Fokus moderner und postmoderner Literatur. Berlin 2008. S.185-204.

Lévi-Strauss, Claude: Das wilde Denken. Frankfurt a. M. 1968.

Film, Medien und Intermedialität/ Intertextualität

Andriopoulos, Stefan: Besessene Körper: Hypnose, Körperschaften und die Erfindung des Kinos. München 2000.

Barthes, Roland: Die helle Kammer: Bemerkungen zur Photografie. Frankfurt a. M. 1985.

Baudry, Jean- Louis: Das Dispositiv: Metapsychologische Betrachtungen des Realitätseindrucks. In: Psyche. Jahrgang 48 (1994). S.1047 – 1074.

Binder, Anne-Berenike: „Mon ombre est restée là-bas". Literarische und mediale Formen des Erinnerns in Raum und Zeit. Tübingen 2008.

Bongers, Wolfgang: Intermediale Archive: Gedächtniskonzepte bei Chris Marker und W.G. Sebald. In: Felten, Uta (Hg.): Esta locura por los suenos. Heidelberg 2005. S.445-462.

Greene, Naomi: Landscapes of Loss. The National Past in Post War French Cinema. Princeton, NJ 1999.

Helbig, Jörg: Intertextualität und Markierung. Heidelberg 1996.

Kaes, Anton: Deutschlandbilder. Die Wiederkehr der Geschichte als Film. München 1987.

Koch, Gertrud: Kracauer zur Einführung. Hamburg 1996.

Kittler, Friedrich: Romantik – Psychoanalyse – Film: eine Doppelgängergeschichte. In: (Ders.): Draculas Vermächtnis. Technische Schriften. Leipzig 1993. S.81-104.

Kracauer, Siegfried: Theorie des Films. Die Errettung der äußeren Realität. Frankfurt a. M. 1964.

Kracauer, Siegfried: Von Caligari zu Hitler: eine psychologische Geschichte des deutschen Films. In: (Ders.): Schriften. Frankfurt a. M. 1979.

Langen, August: Anschauungsformen in der deutschen Dichtung des 18. Jahrhundert. Darmstadt 1965.

Lindwedel, Martin: Zeit und Erinnerung in L´Année dernière à Marienbad. In: Brohn, Heike (hrsg. u.a.). Erinnern – Gedächtnis – Vergessen. Bonn 2007.

Margy, Karel: Das Konzentrationslager als Idylle: „Theresienstadt". Ein Dokumentarfilm aus dem jüdischen Siedlungsgebiet. In: Fritz Bauer Institut (Hg.): Auschwitz: Geschichte, Rezeption und Wirkung. Frankfurt a. Main. 1996. S.319-343.

Plessen, Marie Louise (Hg.): Sehnsucht. Das Panorama als Massenunterhaltung des 19. Jh. Frankfurt a. M. 1993.

Prager, Brad: The cinema of Werner Herzog. Aesthetic of truth. London 2007.

Rajewsky, Irina O.: Intermedialität. Tübingen 2002.

Silverman, Max: Horror and the Everyday in Post-Holocaust France: Nuit et brouillard and Concentrationary Art. In: French Cultural Studies. Jahrgang 17 (2006) S. 5-18.

Stiglegger, Marcus: Gedächtnis-Skulpturen. Alain Resnais. In: Grob, Norbert; Kiefer, Bernd; Klein Thomas; Ders.: Nouvelle Vague. Mainz 2006. S.172-183.

Töteberg, Michael: Fritz Lang. Reinbek bei Hamburg 2005.

Zeul, Mechthild: Bilder des Unbewussten. Zur Geschichte der psychoanalytischen Filmtheorie. In: Psyche. Jahrgang 48 (1994). S. 975–1003.

Zglinicki, Friedrich von: Der Weg des Films. Hildesheim 1979.

W.G. Sebald

Bonn, Klaus: W.G. Sebalds laufende Bilder .Der Film und die Wörter . In: Arcadia. Jahrgang 42. (2007), Heft 1. S. 166-184.

Frey, Matthias: Theorizing Cinema in Sebald and Sebald with Cinema. In: Patt, Lise (Hg.): Searching for Sebald: Photography After W.G. Sebald. Los Angeles 2007. S. 226-241.

Fuchs, Anne: „Die Schmerzenspuren der Geschichte". Zur Poetik der Erinnerung in W.G. Sebalds Prosa. Köln, Weimar 2004.

Gnam, Andrea: Fotografie und Film in W.G. Sebalds Erzählung Ambros Adelwarth und seinem Roman Austerlitz. In: Martin, Sigurd; Wintermeyer, Ingo: Verschiebebahnhöfe der Erinnerung. Zum Werk W.G. Sebalds. Würzburg 2007. S.27-43.

Jacobs, Carol: Was heißt zählen? W.G. Sebalds *Die Ausgewanderten*. In: Horn, Eva; Menke, Bettine; Menke, Christoph: Literatur als Philosophie – Philosophie als Literatur. München 2006.

Kasper, Judith: Intertextualitäten als Gedächtniskonstellationen im Zeichen der Vernichtung. Überlegungen zu W.G. Sebalds Die Ausgewanderten. In: Beßlich, Barbara; Grätz, Katharina; Hildebrand, Olaf (Hg.): Wende des Erinnerns? Geschichtskonstruktionen in der deutschen Literatur nach 1989. Berlin 2006. S. 87-98.

Kilbourn, R. J. A.: Architecture and Cinema. The Representation of Memory in W.G. Sebalds´ Austerlitz. In: J.J. Long, Anne Whiteread (Hg.). W.G. Sebald – A Critical Companion. Edinburgh 2006. S.140-154.

Martin, Sigurd: Lehren vom Ähnlichen. Mimesis und Entstellungen als Werkzeuge der Erinnerung. In: (Ders.); Wintermeyer, Ingo (Hrsg.): Verschiebebahnhöfe der Erinnerung. Zum Werk W.G. Sebalds. Würzburg 2007. S.81-103.

McCulloh, Mark R.: Understanding W.G. Sebald. University of Carolina 2003.

Mosbach, Bettina: Figurationen der Katastrophe. Ästhetische Verfahren in W.G. Sebalds Die Ringe des Saturn und Austerlitz. Bielefeld 2008.

Öhlschläger, Claudia: Beschädigte Leben, erzählte Risse. W.G. Sebalds poetische Ordnung des Unglücks. Freiburg 2006.

Schedel, Susanne: „Wer weiß, wie es vor Zeiten wirklich gewesen ist?" Textbeziehungen als Mittel der Geschichtsdarstellungen bei W.G. Sebald. Würzburg 2004.

Steinaecker, Thomas von: Literarische Foto-Texte: zur Funktion der Fotografien in den Texten Rolf Dieter Brinkmanns, Alexander Kluges und W.G. Sebalds. Bielefeld 2007.

Wieczorek, Stefan: Von Intertextualität zu Intermedialität. Tendenzen der Gegenwartsliteratur am Beispiel von W.G. Sebalds Erzählung Dr. Henry Selwyn. In: Hermann, Karin; Hübenthal, Sandra (Hg.): Intertextualität. Perspektiven auf ein interdisziplinäres Arbeitsfeld. Aachen 2007. S.149-160.

Patrick Baumgärtel

Mythos und Utopie
Zum Begriff der *Naturgeschichte der Zerstörung* im Werk W.G. Sebalds

Frankfurt am Main, Berlin, Bern, Bruxelles, New York, Oxford, Wien, 2010.
194 S.
Europäische Hochschulschriften. Reihe 1: Deutsche Sprache und Literatur.
Bd. 2005
ISBN 978-3-631-61339-9 · br. € 39,80*

Den Begriff der „Naturgeschichte der Zerstörung" verwendete W.G. Sebald in *Luftkrieg und Literatur* unter Bezug auf den englischen Wissenschaftler und Regierungsberater Lord Solly Zuckerman in Zusammenhang mit dem vom Luftkrieg zerstörten Nachkriegsdeutschland. Dieses Buch zeigt, dass er mehr als das ist. So prägend die Ruinenlandschaft jener Zeit für den Autor W.G. Sebald war, so bestimmte auch der an Walter Benjamin und Theodor W. Adorno angelehnte Begriff der „Naturgeschichte der Zerstörung" die innere Ausrichtung seines Werks. Geschichte gerinnt zum Mythos, der im Widerspruch zur viel diskutierten „Poetik der Erinnerung" des Autors steht. Gegenstand der Untersuchung bildet Sebalds erstes literarisches Werk *Nach der Natur*.

Aus dem Inhalt: W.G. Sebalds von Lord Solly Zuckerman übernommener Begriff der „Naturgeschichte der Zerstörung" als Remythisierung des Endes von Geschichte · Geschichte und Erinnerung: Zwischen Erinnerungsabwehr und Uneingelöstem · W.G Sebalds *Nach der Natur* und *Luftkrieg und Literatur* · Bezug auf Frankfurter Schule

Frankfurt am Main · Berlin · Bern · Bruxelles · New York · Oxford · Wien
Auslieferung: Verlag Peter Lang AG
Moosstr. 1, CH-2542 Pieterlen
Telefax 00 41 (0)32/376 17 27

*inklusive der in Deutschland gültigen Mehrwertsteuer
Preisänderungen vorbehalten
Homepage http://www.peterlang.de

www.ingramcontent.com/pod-product-compliance
Ingram Content Group UK Ltd.
Pitfield, Milton Keynes, MK11 3LW, UK
UKHW021830140426
5217IPUK00021B/1369